EL MUNDO ES COMO UNO LO SUEÑA

"Al igual que los campos arruinados que observamos a nuestro alrededor son los sueños visibles del pasado; cualquier mundo del futuro restaurado en sus encantos primordiales debe primero ser uno de los sueños que surgen de las profundidades primordiales en nuestro interior. Sin tales sueños, ninguno de nuestros esfuerzos por purificar este planeta tóxico o por establecer una forma viable de vida en él podrá tener éxito. El sueño no solamente impulsa a la acción, sino que también la guía. A través de la narrativa de John Perkins, aprendemos tal verdad como es enseñada con particular realismo por los indígenas Suramericanos. A través de ellos nos encaminamos de nuevo a la sabiduría que hemos olvidado durante todos estos siglos".

—Thomas Berry, autor (con Brian Swimme) de *The Dream of the Earth* (El sueño de la Tierra) y *The Universe Story* (Historia del universo)

"John Perkins es un talentoso escritor bendecido por el Gran Espíritu con extraordinaria sensibilidad y elocuencia. Este es un libro conmovedor sobre curaciones y creencias a las que la gente del hemisferio norte usualmente considera increíbles."

—Ipupiara (Bernardo Peixoto), de la tribu Urucu-Wau-Wau. Doctor en Filosofía y antropólogo de la Universidad de Para, Brasil y consejero de la sección amazónica del Instituto Smithsoniano.

"Un libro de asombroso poder. Cada página contiene una lección que ha de ser aprendida, amada y compartida".

—Cley Jenny Toscano, curandero quechua peruano, antropólogo, catedrático de la Universidad de San Marcos, Perú y de la American University, de Washington, D.C.

"John Perkins ha vivido, escuchado, hablado y volado con estos extraordinarios chamanes. Ahora nos lleva a nosotros con él, para que podamos curar el cuerpo de nuestras almas y los sueños de la tierra.

—Gary Margolis, doctor en Filosofía, psicólogo, autor de *Falling Awake* (Quedándose despierto), director de Asesoría y Relaciones Humanas, Colegio de Middlebury.

JOHN PERKINS

EL MUNDO ES COMO UNO LO SUEÑA

ENSEÑANZAS CHAMÁNICAS DEL AMAZONAS Y LOS ANDES

Inner Traditions *en Español*
Rochester, Vermont

Título original: *The World Is As You Dream It*
Traducción al español por: René Capistrán Garza de la Llata
de la edición en inglés de Destiny Books, Rochester, Vermont, USA

Destiny Books es una división de Inner Traditions International

ISBN 978-0-89281-465-7 (Inner Traditions *en Español*)
ISBN 968-458-482-3 (Lasser Press Mexicana, S.A. de C.V.)

Producción editorial: Ediciones Étoile, S.A. de C.V.
Dirección editorial: Antonio Moreno y Ladrón de Guevara

Impreso en Estados Unidos
Printed in the United States

10 9 8 7 6 5 4 3 2

Para Nase, el viento que viaja a través del bosque infundiendo equilibrio a todas las cosas

Contenido

Nota del autor

Los acontecimientos que conocerá en las páginas que siguen, son verídicos. Algunos, especialmente aquellos que se relacionan con curaciones de chamanes, pueden reducir los límites de lo que nuestras culturas del hemisferio norte consideran creíble. Además de mí persona, cuando menos cinco norteamericanos, incluyendo médicos de reconocido prestigio, presenciaron cada una de las curaciones y atestiguaron su autenticidad. Todos los acontecimientos han sido reproducidos con tanta acuciosidad como la memoria, las grabaciones y los apuntes tomados, lo permitieron. En razón a la naturaleza sensitiva y potencialmente controvertido del material que contiene este libro, los nombres y ciertos detalles de personas y lugares han sido cambiados a veces. Tal discreción tiene por objeto proteger a culturas y ambientes frágiles, así como asegurar el anonimato.

Como resultado directo de los episodios descritos en la primera y segunda parte, una organización no lucrativa conocida como Dream Change Coalition (DDC) [Coalición para el Cambio de Sueño] fue creada en 1993. El objetivo de la DDC es transformar la conciencia humana —nuestro sueño colectivo— en un sueño más reverente hacia la Tierra. Mis talleres de trabajo y mis viajes para llevar gente a conocer a los chamanes, son conducidos ahora en conjunción con la DDC.

Mucha gente contribuyó a realizar *El mundo es como uno lo sueña*", hombres, mujeres y niños que tomaron parte en mis seminarios y talleres de trabajo, que viajaron conmigo a los Andes y al Amazonas, que charlaron conmigo en los autobuses o alrededor de las fogatas...Todos ustedes saben bien quienes son. Ustedes me han escuchado definir al *chamán* como aquel que viaja a otros mundos y emplea el subconsciente, así como la realidad, para efectuar cambios. Para mí, ustedes son chamanes. La semilla para escribir este libro fue alimentada por nuestros viajes juntos a esos mundos especiales de amistad, curación e inspiración. Les debo a ustedes mi eterna gratitud.

Mi editor y amigo, Ehud Sperling, viajó conmigo y me alentó a reanudar viejas amistades con los shuara del Amazonas. No sólo ha significado para mí, en lo personal, un apoyo y una afinidad espiritual, sino que también, a través de su negocio, provee de medios de subsistencia y de productos, que están transformando la vida de muchas personas. Le agradezco su amor y aplaudo el ejemplo que representa. Mi agradecimiento a Estella Arias, cuya indeclinable fe en mis escritos, hizo posible todo esto, y cuya creatividad ha contribuido tanto, no solamente a este libro, sino también a los dos que le precedieron. Gracias también a Cornelia Wright, cuya habilidad como editora le dio forma al caos. A Leslie Colket, Larry Hamberlin y otros en Inner Traditions que están trabajando diligentemente para cambiar el viejo sueño materialista, en uno que reverencie a la Tierra.

Va mi agradecimiento, muy especialmente, para mi familia por su entrega y paciencia durante todo esto, por los viajes que me han ayudado a completar, y por los que han hecho conmigo. Mi madre y mi padre abrieron las puertas y mi esposa y mi hija continúan animándome a salir y explorar nuevos territorios. Mis dos compañeros ecuatorianos, guías, maestros y mentores que se han convertido en mis hermanos; su afecto y su fuerza me han sacado, a mí, así como a otros, de situaciones desagradables y frecuentemente peligrosas. Toda mi gratitud desde el fondo de mi corazón.

Por supuesto que por encima de todo, estoy agradecido con los grandes chamanes. Son ustedes quienes sostienen las antorchas que alumbrarán el camino hacia el nuevo sueño. No tengo palabras con qué manifestarles mi gratitud a ustedes como grupo, especialmente a mis maestros personales, hombres y mujeres que están unidos por la creencia de que podemos y debemos cambiar, que honran a la Madre Tierra, y suponen ejemplos inspiradores para ser seguidos por el resto de nosotros. Ustedes se han sentado conmigo y han caminado conmigo; han compartido sus hogares, su alimento y sus filosofías. Me han dado a mí y a otros, mucho de su tiempo, sabiduría y comprensión. *El mundo es como uno lo sueña* es su creencia... Es su libro.

Prólogo

Sólo ahora, cuando los miembros de las tribus casi han desaparecido, Occidente ha despertado al hecho de que más que sus tierras y posesiones, son sus sutiles habilidades y sabio conocimiento del ambiente, forjados desde el principio de los tiempos, lo que realmente es de gran importancia para todos nosotros. Las nuevas psicologías de sugestión hipnótica y "visualización creativa" están más y más conscientes de que somos capaces de infinitamente más de aquello que las supuestas limitaciones de las "leyes físicas" sobre nuestros cuerpos y mentes nos podrían hacer creer.

Lawrence Blair, *Ring of Fire*

Miami parecía a punto de explotar. El segundo juicio había terminado. El jurado había alcanzado su veredicto, pero el anuncio del mismo se había retrasado. Si el oficial de policía de raza blanca había sido encontrado inocente de la muerte a tiros de un motociclista negro, la ciudad haría erupción al repetirse la violencia producida cuatro años antes, después de la absolución del policía en el juicio original, solamente que esta vez iba a ser peor. Miles de personas habían estado sin hogar durante casi un año como resultado del huracán Andrés. Miles más no tenían trabajo. Estaban desesperadas y enojadas.

Los helicópteros sobrevolaban la ciudad en círculos. Ululaban las sirenas. El mensaje era claro: no se tolerarían manifestaciones. Las pantallas de las televisiones estaban llenas de policías guarnecidos de cascos y armados para la guerra.

La universidad donde daba cátedra estaba fortificada. Era una institución liberal que ofrecía generosas becas a los niños de los vecindarios pobres que rodeaban el normalmente tranquilo campus. Sin embargo, hoy las autoridades universitarias veían con terror a los residentes de tales vecindarios. La administración había dado una hora a todos los que estábamos dentro del recinto universitario para alejarnos lo más posible del lugar, o permanecer adentro. Las puertas se cerrarían a las 4:30 p.m., 15 minutos antes de que se diera a conocer el veredicto.

Iba conduciendo mi coche rumbo al norte por la carretera Interestatal 95 hacia mi casa en el Condado de Palm Beach. Mi esposa Winifred y mi hija de once años, Jessica, habían planeado reunirse conmigo en Miami para pasar el fin de semana. Esos planes tuvieron que ser modificados.

Encendí la radio del coche.

"Los padres y fundadores de la patria", dijo una voz, "soñaron un sistema judicial fundado en la igualdad". El sintonizador automático prosiguió y yo apagué la radio, impresionado por la afirmación que acababa de escuchar. Sabía que aquella voz estaba hablando sobre el juicio. No obstante, también había sido profética para toda nuestra cultura, pues como cualquier otra sociedad, la nuestra está forjada por los sueños de sus miembros. Eché un vistazo por la ventanilla y pensé en mi país. ¿Cuál es nuestro sueño actual, y cuál el enfocado a generaciones futuras? Sabía que una forma de entender los sueños de una sociedad es analizando sus logros. Y me pregunté, ¿Qué es lo que hacemos mejor?

El curso que estaba dando en la universidad se llamaba Filosofía 261; el tema, sin embargo, eran los sueños. Estaba dando clase sobre los sueños de ciertos individuos —Sócrates, Buda, Cristo, Martin Luther King, Jr.— y los sueños de algunas culturas, las del viejo Egipto y Mesopotamia, la nuestra, y muy en especial, las culturas indígenas contemporáneas de los Andes y del Amazonas. Mis alumnos se estaban preparando para un mes de estudio con los chamanes suramericanos, gente que, como sus contrapartes en las culturas tribales de todo el mundo, reconocen el poder de los sueños que alimentan la sabiduría del subconsciente. El título de *chamán*, usado ampliamente hoy en día en lugar del más restringido de "curandero", o el peyorativo de "médico brujo", se aplica a los hombres y mujeres que viajan con el subconsciente a mundos paralelos, o a lo que los aborígenes australianos se refieren como Tiempo de Sueño, con objeto de curar y realizar cambios en la gente y en la naturaleza. El presupuesto que fundamentaba la Filosofía 261 —cuando menos en mi versión— era que los chamanes poseían conocimientos que nosotros, en nuestra cultura, hemos perdido y necesitamos recuperar.

Todas las culturas de este planeta creen en el enorme poder de los sueños, o remontan sus raíces a culturas en las que alguna vez se creyó en tal poder. Muchos equiparan los sueños con la energía latente de la semilla y del embrión. Sus creencias no difieren de la teoría de Carl Jung, en el sentido de que el inconsciente colectivo de la humanidad contiene el conocimiento de todos los acontecimientos pasados y futuros y de que los sueños son la llave para ingresar a esa vasta biblioteca de información.

Aquella mañana le había leído a mi clase estos párrafos del notable libro *Voices of the First Day: Awakening in the Aboriginal Dreamtime*, de Robert Lawlor:

> "Los aborígenes de Australia, y en verdad los indígenas tribales de todo el mundo, creen que el espíritu de subconsciencia y de su forma de vida existen como semillas sepultadas en la tierra. Las olas de colonialismo europeo que destruyeron la civilización de Norteamérica, Sudamérica y Australia iniciaron un período de quinientos años de letargo de la "conciencia arcaica". Sus poderes desaparecieron en la tierra...

> Los sueños, profundas memorias colectivas y fantasías, son más potentes que la fe religiosa o las teorías científicas para sobreponernos al final catastrófico que encaramos todos.."*

Todos los estudiantes habían convenido en que soñar es la cosa más poderosa que hacemos en la vida. Forma las bases de nuestras percepciones, actitudes, emociones, motivaciones y acciones. Ocurre en cualquier momento tanto a nivel consciente como subconsciente; mientras estamos trabajando, manejando nuestros automóviles, preparando los alimentos, leyendo o mirando la televisión, así como al estar durmiendo. Los sueños individuales afectan los cursos de nuestras vidas; los sueños colectivos determinan el futuro de las civilizaciones.

A través del parabrisas observé la Interestatal 95 con el tráfico congestionado, los pasos a desnivel cruzando por todas partes, las vastas extensiones de asfalto, los edificios de concreto que forman una casi continua prolongación de la ciudad a lo largo de la costa de Florida, y pensé sobre un artículo periodístico que uno de mis alumnos había llevado a clase. Sostenía que de 1983 a 1985, el 55% de toda la riqueza de Estados Unidos iba a dar a la mitad del 1% de la población. De nuevo me hice la pregunta, ¿qué es lo que hacemos mejor?

Entonces vi la respuesta, sorprendentemente clara, justo enfrente de mí. La contestación a mi pregunta estaba garrapateada a través de los enormes anuncios exteriores, centelleaba desde lo alto de los edificios, estaba grabada como aguafuerte en la superficie de la carretera. Estaba girando alrededor de mí.

Construcción. Remodelar la Tierra. Meter buldozers, minar y edificar. Nosotros somos expertos en eso. Nosotros pavimentamos y techamos con sorprendente dedicación y eficiencia. Construimos banquetas, carreteras, coches, camiones, aviones, rascacielos,

---

* Robert Lawlor, *Voices of the First Day: Awakening in the Aboriginal Dreamtime* (Rochester, Vt.: Inner Traditions, 1991) págs. 6, 8.

macrocentros comerciales y fábricas. A través de la construcción, desviamos ríos, convertimos montañas en valles, irrigamos desiertos, desecamos pantanos y controlamos el clima de enormes complejos habitacionales. Eso es lo que hacemos mejor. Mientras iba yo digiriendo este pensamiento, me di cuenta de que prácticamente todo lo que hacemos es juzgado por lo bien o mal que apoya nuestro esfuerzo de construcción. Todos nuestros sistemas educacionales, comerciales, políticos, sociales y judiciales están enfocados al engrandecimiento de la eficiencia en la construcción.

Las ramificaciones de esta filosofía llegan mucho más allá de nuestras fronteras. No sólo hemos animado a otros a seguir nuestro ejemplo a través de nuestros programas de desarrollo, sino que también hemos saqueado sus recursos naturales y contaminado el medio ambiente para alimentar nuestro voraz estilo de vida.

¿Cómo justificamos este comportamiento? A aquellos países que no alcanzan la altura de nuestros estándares materialistas, los etiquetamos de "subdesarrollados". El insulto que este término inflige a viejas y orgullosas culturas ha sido devastador. Recuerdo a un letrado iraní, el Profesor Ghazanfari, a quien llegué a conocer bastante bien cuando trabajaba yo en un proyecto del Banco Mundial en su país durante 1977. Él había señalado que las palabras *desarrollado* y *subdesarrollado* fueron acuñadas inicialmente en este contexto por el presidente Truman, y aunque probablemente intentaban ser compasivas, evocaban fuertes sentimientos de superioridad e inferioridad. Durante mucho tiempo nosotros, los desarrollados, hemos asumido la actitud de patronazgo, según la cual consideramos que en tanto otros países deberían de adoptar nuestros valores, sus culturas tienen muy poco que ofrecernos, excepto petróleo, madera, oro y otros recursos naturales.

La destrucción del medio ambiente que este prejuicio ha provocado es bien conocida. Pero igualmente dañina es la postura existente tras la etiquetación de dos terceras partes del mundo como "subdesarrolladas". Al clasificar las culturas indígenas del "Tercer Mundo" según su falta de riqueza industrial, y al ignorar o negar los sueños que les permiten vivir en armonía con su propio medio ambiente, los países del "Primer Mundo" limitan su propia percepción de sueños, encerrándose a sí mismos, así como a otros, en un ciclo de destrucción.

El Profesor Ghazanfari ha reforzado una idea que me había estado dando vueltas en la mente durante mi larga carrera de diez años como consultor de agencias internacionales de desarrollo. Se trata de que la percepción es el factor singular más importante para darle forma al futuro. En Java y Egipto, Sulawesi y México, he sido testigo una y otra vez del poder que ciertos individuos tienen para alterar percepciones, y al hacerlo, cambiar las vidas de las gentes. Estos individuos tomaron muchas formas: jefes de tribus, brujos, danzantes, titiriteros de Dalang, sacerdotes, caminantes sobre fuego, políticos y curanderos. En mi propio país, los hombres más influyentes usan trajes obscuros, leen el *Wall Street Journal*, e invierten billones de dólares cada año en publicidad. Sea cual fuere su aspecto o su título, todos tienen una cosa en común: su poder se originó por su habilidad para moldear sueños.

Un letrero de la carretera me informó que había dejado atrás el Condado Dade y el peligro de violencia. Me sentí relajado. Entonces pasó rápidamente ante mis ojos el recuerdo de la imagen de un policía armado preparándose para intervenir en un motín. Aunque el centro de Miami fuese evacuado y la Universidad hubiese quedado totalmente sin gente, aquellos policías seguirían estando ahí para defender los edificios. Era la construcción y el sueño materialista que representa, más que los seres humanos, lo que estaba siendo protegido. Pero, ¿a quién beneficia ese sueño?

La mayor parte de las personas de otras épocas verían la "construcción" moderna como un sacrilegio horrible; lo condenarían como un acto de violencia contra Dios y contra la Tierra, como una destrucción sistemática y proterva de las fuerzas mismas de las que dependemos para vivir. La triste realidad es que la riqueza material generada por las ciudades de concreto y carreteras de asfalto, únicamente beneficia a un muy pequeño porcentaje de solamente una de las aproximadamente treinta millones de especies que vivimos en la Tierra. Los demás hemos de sufrir las consecuencias de los bosques que desaparecen, aire contaminado, agua envenenada y pérdida de biodiversidad. Las estadísticas en relación al divorcio, suicidio y otros indicadores de infelicidad personal nos dejan pensando si ni siquiera esos cuantos que integran el pequeño porcentaje, realmente se benefician.

Lejos, en la distancia, vi una de las instalaciones de la Planta de Luz y Fuerza de Florida, y pensé en los muchos años que había dedicado a promover la construcción, primero como consultor del Banco Mundial y Las Naciones Unidas, y más tarde como propietario y Director General de una compañía que fue dueña, desarrolló y operó plantas de energía eléctrica. Yo había seguido a los líderes miopes de nuestra cultura, "expertos" que, como los chamanes, habían moldeado nuestros sueños. Lo que es más, me di cuenta de que yo había sido uno de esos falsos chamanes.

Había aceptado la filosofía que dio forma a la mayor parte de mi cultura post-Segunda Guerra Mundial: la felicidad es una motocicleta nueva, un gran carro, o una residencia cara en los suburbios. Compré los sueños de la escuela de comercio. Intenté desesperadamente llevar mi ascenso a ese pequeño porcentaje de individuos colocados en la cúspide de la escalera económica. Ahora, mientras me preparo a llevar a un grupo de estudiantes universitarios a trabajar con los chamanes suramericanos que honran la Tierra, me pregunto por qué me habré dejado persuadir y desviarme tan lejos de mis creencias de la niñez.

Cuando fuimos infantes gozamos de la intimidad de todo lo que nos rodeaba: piedritas, mariposas, flores, pájaros y animales en general, tanto disecados como vivos. Vivimos en un mundo de belleza e imaginación. El éxtasis viene con facilidad. Nos sentíamos identificados con la naturaleza y la región de los sueños.

Al alcanzar la niñez empezamos a comprender el poder de los sueños, de los cuentos de hadas y los mitos; sabemos que los sueños se realizan y que existen simultáneamente muchos mundos paralelos diferentes. El pasado, el futuro y el presente no tienen sentido para nosotros, pues tenemos la habilidad de fundirlos en una sola cosa. Podemos ser cualquier cosa que queramos en cualquier momento. Todo lo que tenemos que hacer es soñarlo, y sucederá. Podemos meternos y salirnos nuevamente a voluntad de uno y otro mundo.

Entonces, en algún momento de nuestras vidas, esa conciencia se modifica. Los adultos nos convencen de que no somos una sola cosa. Nos enseñan a separarnos y alejarnos unos de otros y del mundo que nos rodea. Para describir nuestros mundos paralelos, salen con frases tales como: "es enfermizo soñar despierto" y "vuelos locos de fantasía" como si las solas palabras amenazaran contaminar sus labios. Nos previenen de que si continuamos con nuestras viejas mañas, seremos inmaduros e imprácticos. Los sueños de mi niñez fueron forjados por lugares que conocía muy íntimamente: bosques, ríos y lagos con nombres indios que rodean el pueblo de New Hampshire donde crecí. Soñé con visitar a mis antepasados pioneros y a los vecinos indios con los que peleaban y a los que a veces amaban.

Mi abuelo solía sentarse en una mecedora, cerca de su estufa "barrigona" y relatarme historias sobre su aventurera juventud. De niño había viajado con sus padres en un carromato cubierto en una larga caravana de New Hampshire a las Dakotas. Construyeron su hogar cerca de un sitio que la gente blanca llamaba Little Bighorn (Pequeño Cuerno grande).

—¡Indios! —Gritaba mi abuelo, golpeando el brazo de su mecedora—. ¡Vaya si he visto muchos! —Un día señaló con gran orgullo su nariz aguileña y me dijo que su perfil era el resultado de una aventura entre su bisabuela y un jefe Abnaki, afirmación firmemente rechazada por mis padres, pues en aquellos días tener sangre indígena no era considerado algo de qué presumir.

Mis padres acostumbraban llevarme cada verano al Fuerte Ticonderoga, al norte del estado de Nueva York. Mientras recorríamos el museo y viejos corredores de piedra, intentaban valerosamente enfocar mi atención sobre el heroísmo desplegado durante la guerra revolucionaria por Ethan Allen, un pariente distante por parte de mi padre, pero mi imaginación me llevaba más atrás, cuando la guerra entre franceses e indios, a los indios que ganaron batallas usando sus conocimientos de la naturaleza para derrotar a los invasores europeos, y me llevaba también a los hombres blancos que aprendieron de los chamanes nativos.

Según fui creciendo, pasaba más tiempo en los bosques. Siendo hijo único me encantaba la filosofía iroqués de que las plantas y los animales son nuestros hermanos y hermanas. Después de la escuela, frecuentemente visitaba a un viejo ermitaño que vivía en el bosque y aseguraba ser medio Abnaki.

Una noche al estarme durmiendo, mi madre entró a mi habitación.

—Yo sé de tu sueño —me dijo—. Pero debes olvidarte de él por ahora. La frontera ya ha desaparecido.

Se sentó en la cama junto a mí y habló con voz dulce:

—Ya no hay indios, Juanito, cuando menos, no como los que se ven en tus libros. Quizás tu papá y yo nos hemos equivocado al provocar tu imaginación. —Me acarició el rostro y tuve la sensación de que no estaba convencida de lo que estaba diciendo—. De todos modos, la idea sigue ahí —pareció meditar—, los ideales, sabes, los viejos y verdaderos valores. —Me dio una palmada en la mano—. Tienes otro ancestro que acaso te gustará conocer, tu tataratatarabuelo fue un hombre de ideas y podría ayudarte a redirigir tus energías.

Al retirarse, dejó un libro, *Common Sense* [Sentido común], de Thomas Paine, en mi buró.

Sentido Común cambió para siempre mi vida. Me enseñó el poder de las palabras. Para cuando entré a la escuela secundaria, había aprendido a combinar mi interés por la naturaleza y por la erudición indígena con la escritura. En séptimo año, para un proyecto de tipo histórico, terminé una novela que había iniciado el verano anterior, llamada *Trail to the North* [Vereda al norte],que era la historia de una banda de Abnakis que trataba desesperadamente de detener la intrusa europeización de River Valley, en Connecticut, partiendo hacia el sur desde lo que hoy es Canadá, y barriendo con todas las granjas que estaban esparcidas por la zona. Tomaron prisioneros y se los llevaron a sus pueblos con la esperanza de que, enseñándoles las formas indígenas de vivir, podrían cambiar el curso de la historia.

Un día, mi profesora, la señora Simpson, me pidió que me quedara después de clases. Aterrorizado, me senté en una silla junto a su escritorio y ella me devolvió *Trail to the North.* Revisé la portada, en la que había dibujado una casa comunal en un claro del bosque. No había calificación. Me empezó a presionar un nudo en el estómago, hasta que abrí mi novela en la primera página y encontré una minúscula A. Cuando levanté la vista incapaz de ocultar mi satisfacción, la señora Simpson me dio un gran libro. Ahí, ante mí, estaba la fotografía de una casa comunal indígena en un claro del bosque, notablemente parecida a lo que había dibujado en la portada de mi manuscrito. Por el ángulo, era obvio que la foto había sido tomada desde un avión. Entonces mi corazón dio un gran salto. Un hombre, sin más vestimenta que un taparrabo y una bandana con plumas en la cabeza, estaba parado en un área sombreada junto a la casa; su mano izquierda sostenía un arco y la derecha había jalado el hilo hasta tocar su mandíbula. La flecha apuntaba hacia arriba a través del lente de la cámara, directamente hacia mí. Yo sabía que en alguna forma yo era parte de esa fotografía.

Sentí sobre mí los ojos de la señora Simpson.

—Sí —dijo—. Esa fotografía fue tomada en el bosque amazónico el año pasado. La gente todavía vive ahí como lo hacían tus Abnakis.

Estiró el brazo, y en un gesto muy poco frecuente, tocó el mío.

—Los sueños sí se realizan, ¿sabes?

La Interestatal 95, al correr bajo mi auto, me recordó una supercarretera descrita en un libro que había influido en otro punto crucial de mi vida. Durante el final de los 70 y principio de los 80 me había sentido molesto por la insensibilidad del Banco Mundial ante los asuntos del medio ambiente. Después de mucha reflexión, resolví renunciar a una carrera lucrativa y prestigiosa. En el fondo, quería iniciar mi propia compañía, una que ayudara al medio ambiente, pero tuve titubeos. Era un gran salto cargado de riesgos.

Un amigo me prestó un libro escrito por el chamán nativo de Norteamérica, John Fire Lame Deer. Un pasaje en particular me impresionó tanto, que ahora una década después, sigo leyéndoselo a mi clase. Lame Deer describe a la gente de las culturas modernascomo sigue:

> "Han olvidado el conocimiento secreto de sus cuerpos, sentidos o sus sueños. No emplean el conocimiento que el espíritu ha puesto en cada uno de ellos; ni siquiera están conscientes de esto, y en consecuencia se tropiezan como ciegos por el camino a ninguna parte, una supercarretera pavimentada que ellos mismos abrieron y aplanaron, para poder llegar más pronto al gran agujero vacío que encontrarán al final esperando para tragárselos."*

Mi interés en Lame Deer era parte de una pesquisa para aprender más sobre este conocimiento secreto, el chamanismo. No

---

* John Fire Lame Deer y Richard Erdoes, *Lame Deer, Sioux Medicine Man* (Londres: Quartet, 1980), Pág 157.

obstante que había conocido a muchos chamanes durante mis trabajos para los Cuerpos de Paz en el Amazonas y en los Andes, de 1968 a 1971, y como consultor internacional de desarrollo en 1970, fue Lame Deer quien me inspiró a escarbar profundamente en las viejas crónicas y modernos textos sobre el tema.

Descubrí que personas con credenciales impecables, como Mircea Eliade, Director del Departamento de Historia de las Religiones en la Universidad de Chicago y autor de *Shamanism: Archaic Techniques of Ecstasy*, tomó el chamanismo muy en serio. Descubrí también que muchas de las grandes figuras de la historia eran, por definición, chamanes: Platón, Sócrates, Zoroastro, Moisés, Ezequiel, Mahoma, Buda, Cristo, Galileo, Mozart, Edison y tantos otros, eran gente que usaba el poder del subconsciente para lograr cambios.

Los libros que leí describían culturas en las que los milagros eran parte de la existencia cotidiana, en las que las gentes usaban plumas para que les ayudaran a volar al cielo, y conchas de tortuga que les permitieran visitar los mundos debajo del que conocemos. Se trataba de libros serios, escritos por académicos, físicos y médicos. Encontré que el sueño de mi niñez sobre el aprendizaje de maestros indígenas, no sólo se estaba haciendo realidad, sino que lo hacía en unión de los sueños de otras personas. El conocimiento secreto descrito por Lame Deer, no es tal secreto para la mayoría de la gente a la que desdeñosamente nos referimos como "primitiva". En todas partes del mundo, estas gentes entienden el poder de los sueños, las imágenes, voces, aromas, sentimientos y gustos que existen en los rincones interiores del cuerpo y del alma. Se dan cuenta de que el soñar no está restringido a las horas en que dormimos y de que cuando acogemos nuestros sueños, nos fortalecemos nosotros mismos con ellos. Han desarrollado técnicas altamente exitosas para asomarse al "conocimiento que el espíritu ha puesto en todos y cada uno de los hombres". Han llegado a captar que todos los poderes, sueños, energía, equilibrio y salud se originan en la Tierra, y que si hemos de sobrevivir como especies, debemos fijar como nuestra prioridad más importante la preservación de la Tierra misma.

Intelectualmente comprendí esto. Lame Deer me inspiró a experimentarlo. Empecé a abrir mis sentidos a los espíritus. Esto requirió de práctica y paciencia, pero fui progresando lentamente. Abrí el corazón al mundo que me rodeaba, e hice lo que en nuestra cultura se le prohibe hacer a todos los estudiantes de primaria : soñé despierto. Y soñé dormido. Permití salir a la superficie el mensaje de mi subconsciente. Examiné mis sueños desde todos los ángulos posibles y poco a poquito empecé a seguir las sugerencias que me hacían.

Funcionó muy bien. Al principio usé este conocimiento solamente para mi propia ayuda, básicamente, para manejar el estrés que enfrentaba al manejar una empresa multimillonaria. Mis experiencias se transformaron en un libro: *The Stress-Free Habit: Powerful Techniques for Health and Longevity from the Andes, Yucatan, and Far East.*

Sin embargo, me fui percatando más y más de implicaciones mayores. Reconocí que todos tomamos constantemente decisiones que afectan a nuestras culturas de manera profunda y duradera, y de que nuestra decisión colectiva de ignorar el "conocimiento del espíritu" está haciendo exactamente lo que predijo Lame Deer: nos está llevando "a ciegas por el camino a *ningunaparte*", hacia aquel gran agujero vacío al final. Empecé a desarrollar un acercamiento que ofreciera alternativas. Este trabajo resultó en otro libro con enfoque menos centralizado en lo personal, así como sobre un tema más social y universal: *Psiconavegación: Técnicas para viajar más allá del tiempo**.

Ambos libros fueron bien recibidos y me generaron invitaciones para hablar ante grandes públicos, así como pretextos para

---

* John Perkins (Lasser Press Mexicana, México, 1995).

pasar más tiempo con la gente de Ecuador que había conocido veinticinco años antes, durante mi viaje con los Cuerpos de Paz. Se me pidió que llevara varios grupos de psicólogos, doctores y otros profesionales de la medicina, a estudiar con chamanes amazónicos y andinos, lo cual, como se verá más adelante, fue realizado. Una tarde estaba sentado en el suelo de tierra de la cabaña de un chamán, ubicada en las profundidades del bosque amazónico. El chamán —ex cazador de cabezas y respetado anciano de la tribu shuara— estaba canturreando ante los rescoldos de un fuego sagrado. Sentados en círculo alrededor del fuego se encontraban ocho psicoterapeutas norteamericanos. Durante una estancia de apenas seis días en esta tierra, cada uno de ellos había desarrollado un profundo respeto por los poderes espirituales, conocimiento delambiente y habilidades curativas de los chamanes. Recordé mi niñez. Hacía mucho tiempo que había terminado la guerra de los franceses y los indios, no obstante aquí había gente blanca aprendiendo de los chamanes indígenas. Habrían de retornar a su mundo cambiados para siempre. La lección y la sabiduría de la naturaleza estaban siendo reconocidas nuevamente.

El mundo es como uno lo sueña, siendo diferente de *The Stress-Free Habit* y *Psiconavegación*, es, creo yo, parte de una progresión. Para mí, el primer paso era ser más consciente y centrado, estar más liberado de estrés. Después vino el reconocimiento de que mis decisiones afectaban a todo lo que me rodeaba y que a través de la psiconavegación podría discernir mi propio papel como guardián de la Tierra, así como individuo, hombre de negocios, marido y padre.

Este tercer libro, trata de un movimiento social. Es sobre médicos, gente de negocios, maestros, estudiantes, amas de casa y otras personas relacionadas con la industria del norte de Estados Unidos. También es sobre los ancianos de las tribus, chamanes, yerberos y otros personajes del sur. Es sobre gentes de todo el mundo que están reconociendo la necesidad de un cambio profundo. En un nivel, narra las historias de individualidades de culturas extremadamente distintas que han llegado a conclusiones similares: para que la vida pueda continuar tal como la conocemos hoy, todos debemos cambiar nuestro sueño materializado y dominante, que ha sido la norma suprema durante tanto tiempo, por otro sueño más espiritual, cooperativo y que haga honor a la Tierra. Describe la reunión de estas personas de tan diferentes —y al parecer irreconciliables— antecedentes, así como el compartir que se ha producido, el intercambio de sabiduría, la compasión, inspiración y los compromisos de seguir adelante con el cambio de sueño. En otro nivel, provee de un mapa caminero que cada lector puede seguir para distinguir los sueños de las fantasías y hacer que los sueños se conviertan en realidad.

Es también la historia de mi propio desarrollo personal y de los maestros ecuatorianos que me guiaron, pues sólo contando esa pequeña historia puedo levantar la cortina de la más grande. Si la pequeña interfiere a veces con la grande, ofrezco mis disculpas y le pido que no haga caso. Creo que haciéndolo así, verá que *El mundo es como uno lo sueña* es también su propia historia, una aventura que le llevará a mundos nuevos y maravillosamente hermosos.

Para la mayoría de nosotros, el poder de los sueños nos es arrebatado durante un proceso educacional enfocado en el mundo material. Los chamanes que conocerá en este libro fueron educados en formas muy diferentes y tienen mucho que enseñarnos. Sin embargo, es importante conservar en mente que no necesita usted visitar a los chamanes personalmente para habilitarse a sí mismo y ver sus sueños hechos realidad. El conocimiento está en usted, ha estado ahí desde que nació y se ha quedado con usted a través de gran parte de su niñez. Si teme haberlo perdido, olvide tal temor y piense en él como en un conocimiento que se empañó por algún tiempo. Lame Deer enfatiza que "el espíritu" puso ese conocimiento en todo el mundo, pero en nuestra cultura muchos lo han olvidado. Lo que olvidamos, también podemos recordarlo.

Las historias que contiene este libro, el ejemplo de los indígenas de los Andes y del Amazonas y los viajes y enseñanzas de los chamanes, están aquí para ayudarle a estimular su memoria y sus visiones subconscientes. Están aquí para abrir puertas y empujar hacia el horizonte las paredes de su comprensión.

El reto, pues, consiste en combinar lo que hemos aprendido a través de nuestra educación contemporánea sobre el mundo material con lo que sabemos en lo profundo de nuestros corazones sobre los mundos subconscientes y paralelos, en formas que habrán de proveer un bello futuro para los recién nacidos de todas las especies. El mundo es, en verdad, como lo soñamos.

Primera parte

Quipu Camayoc

El amanecer llegó con rapidez, como lo hace siempre en los Andes. Los primeros toques de plata, fueron seguidos de inmediato por rayos naranja y magenta que se colaban a través de las cimas de las montañas. El joven corredor se detuvo solitario junto al viejo camino y observó a Inti, el sol, salir a saludarlo. Todas las mañanas traían otro milagro de luz y calor, pero este amanecer era distinto a cualquier otro.

Manco habría de ser el último miembro de su familia en ingresar al orgulloso rango de Quipu Camayocs. Mucho antes de que los españoles vinieran a imponerle su voluntad al mundo, los quipu camayocs eran guardianes de tradiciones, maestros, las gentes que a través de su disciplinado sistema de corredores de relevos habían mantenido unidos los cuatro puntos cardinales del vasto Imperio Inca.

Manco se enderezó y volteó la cabeza ansioso de confirmar la presencia de un corredor que se aproximaba. Él podía escuchar las pisadas del corredor en el lado opuesto de la colina, antes de verle la cabeza y los hombros al trepar por el empinado y polvoso camino. Manco lo había observado muchas veces en su mente. Enfocó de nuevo su atención hacia Inti e hizo una solemne reverencia.

Entonces el aliento se le congeló en la garganta. Se incorporó para oír. Involuntariamente dio un pequeño salto hacia adelante. No había error, lo que oía era el ritmo de los pies de otro corredor golpeando la tierra compactada. Manco respiró profundamente y exhaló con lentitud. Se quitó su poncho, lo dobló, lo alzó hacia el naciente sol y lo colocó cuidadosamente al lado del camino. Le dio gracias a Inti por el honor que le había sido conferido y oró para que pudiera hacer su parte sin vacilar.

Una cabeza apareció en la cúspide de la colina. Resplandecía fantasmagóricamente en la bruma matutina. Manco hizo sonar su caracol. El corredor levantó velocidad. Manco repasó de nuevo mentalmente por última vez el esprint que estaba por producirse.

En su calidad de último quipu camayoc, Manco cubriría solamente una distancia pequeña. Pero debía de hacerlo rápidamente y con dignidad. Dobló ligeramente la rodilla derecha, extendió hacia atrás su mano izquierda al máximo y se concentró en el sonido de las pisadas que se aproximaban. La respiración del corredor era fuerte pero firme y su trote mantenía un ritmo perfecto, como el del tambor de un chamán. Manco sabía que habría de estar exhausto, pero el corredor había sido entrenado al Modo Cóndor y en ese momento estaba viendo el camino a través de los ojos del cóndor que volaba en las alturas. Su sueño se había unido al sueño del Espíritu Universal.

De súbito, la mano de Manco sintió la estafeta de cuero. Sus dedos se cerraron a su alrededor y sintió el grito del cóndor estallar en su garganta al momento de dar un gran salto hacia el aire.

Se deslizó sobre la dura superficie del camino. El viento refrescó y le cantó. Se produjo una vibración, era el ritmo de sus alas. El sol extendió hacia él sus dedos de energía. Se sintió eufórico. Miró abajo y vio la tierra, y luego su aldea.

Antes de que Manco supiera qué era lo que había pasado, apareció ante él un anciano, Sinchi. Ondeaba en su mano la vara sagrada huaca. Manco voló hacia él, sin captar claramente que una multitud de aldeanos lo vitoreaba. Le entregó a Sinchi la valiosa estafeta. Alguien lo envolvió en un poncho y lo condujo al interior de una casa.

El interior estaba inusitadamente iluminado. Una fila de velas rodeaba el catre donde yacía embarazada la madre de Manco. Los ojos de ella se encontraron con los suyos; estaban llenos de orgullo sabiendo que su primer hijo era ahora un quipu camayoc. Cuando Sinchi llegó al centro de la habitación, levantó la estafeta hacia el techo y hacia el cielo más arriba. Lo ofreció a cada una de las cuatro esquinas del universo. Finalmente la colocó en el terroso piso y se hincó junto a ella. Cantándole suavemente a la Tierra, vació el contenido en su mano, un montón de granos de maíz dorado. Su voz aumentó de volumen.

"La semilla es el sueño de la vida", cantó. "La semilla es espíritu pasado y futuro". Se incorporó y lentamente se llevó la mano a la boca. "La semilla se sueña a sí misma convertida en un alto tallo que engendra la fruta sagrada".

Inhaló su propio aliento y se colocó la mano sobre el corazón.

Sinchi tomó su vara, se dirigió a la madre de Manco y retiró el cobertor de alpaca dejando al descubierto un voluminoso vientre desnudo. La mujer le dirigió la mirada y sonrió con esa tierna sonrisa que siempre calentó a Manco hasta el fondo del alma. El anciano se inclinó mucho sobre ella y emitió un sonido silbante. Cuando dio un paso atrás, las semillas circundaban el ombligo.

"La semilla y la matriz se sueñan a sí mismas". Cantó Sinchi. "Cada una sueña con la otra". Hizo una reverencia a cada una de las cuatro esquinas. "La semilla sueña que es comida". El bebé sueña en que le llegue el maíz al estómago". Volvió a acercarse a la mujer y se inclinó de nuevo. Esta vez le besó el vientre. El maíz había desaparecido.

Con la vara en la mano, Sinchi salió por la puerta caminando lentamente. Manco arrebató la vara que había pertenecido a su abuelo y a su padre. Se sintió aliviado al ver que el cielo no tenía nubes. Inti ni siquiera intentó esconderse para no presenciar esta ceremonia. Los aldeanos marcharon tras ellos hasta el campo. Los ancianos repitieron su canto y lentamente, uno por uno, escupieron las semillas de trigo en Pachamama, la Madre Tierra. Con su vara, Manco barrenó profundamente a cada una en el vientre terrestre y oró para que los dioses permitieran que se realizara el sueño de las semillas.

1 Entrando al sueño

Mi conversación con la señora Simpson sobre "Trail to the North", me animó a ver el mundo con nuevos ojos. Unos cuantos años más tarde, en la escuela secundaria, soñé en ser un escritor que ejerciera influencia sobre la gente. Tuve el deseo de poder, algún día, difundir el mensaje de Abnaki a través de palabras, en vez de hacerlo a través de la violencia.

La imagen del hombre amazónico en la fotografía de la señora Simpson, me perseguía. Yo quería conocerlo. Estaba seguro de que necesitaba experiencia, más de lo que necesitaba escuela. Pero allá en los años sesenta, si se era pobre, se obtenían buenas calificaciones y se obtenía una beca, y hacía uno estudios superiores. Mi padre no escuchó mis alegatos en el sentido de que podría hacer carrera como escritor si me enganchaba en la marina mercante o si trabajaba en algún periódico importante. Él se había sacrificado por mí toda la vida, me dijo, para que yo pudiera tener cosas que él sólo tuvo en sueños. Decepcionado, fui al Colegio Middlebury, el alma mater de mi madre.

A pesar de sus encantos, me disgustó Middlebury desde el primer día. No tenía ningún interés por la forma en que un profesor de inglés analizaba con erudición la poesía como si ésta debiera de seguir las reglas en forma similar a como se siguen en el álgebra. Me molestaba la actitud esnob de los chicos ricos de ahí (Middlebury alardeaba en aquel tiempo de tener mayor porcentaje de estudiantes listados en el Registro Social de Nueva York, que ningún otro colegio del país) y detestaba sus Porsches y Jaguares. Más que nada, odiaba el entorno. El bosque había sido reemplazado por el campus universitario. El pueblo carecía de los atractivos de una ciudad, además de no tener el ambiente boscoso y silvestre en el que yo había crecido en New Hampshire. Me sentí terriblemente solo y desalentado. En cada oportunidad que tenía, viajaba a Boston para visitar a María, una muchacha con la que había estado saliendo durante nuestro último año de secundaria. Sus calificaciones no habían sido muy buenas y había tenido el valor de dejar el colegio para buscar el glamour, dinero y un estilo de vida sin inhibiciones como modelo profesional. Ella era un águila hermosa remontándose, yo era un canario enjaulado.

En Boston me sentía liberado. Por primera vez en mi vida me aventuraba solo en museos y teatros, curioseaba en librerías y me divertía el desfile de personas de todos los estilos de vida y de todas partes del mundo que veía ante mí. Pasé también mucho tiempo esperando a que María terminara una exhibición de modas o una sesión de fotografías. Mi lugar favorito era un cafetín que vendía cerveza de barril barata; detrás del bar, colgando en la pared, había un fabuloso tapiz que siempre me llevaba a tierras distantes y desconocidas. Un letrero anexo explicaba que había sido hecho por los indios huicholes de la Sierra Madre en la montañosa zona central de México.

El tapiz mostraba montañas, maíz, pájaros míticos, un arco iris y el sol, todo en vibrantes colores y todo, al parecer, interconectado con hilos de cera. Desde que inicié mis estudios en Middlebury, había soñado repetidamente en un muchacho indio llamado Manco corriendo a través de las montañas. Las imágenes del sueño habían incluido un pájaro gigante, maíz y un sol de gran brillo. Siempre que veía el tapiz, recordaba el sueño, como si ambos estuvieran relacionados en alguna forma.

Una tarde, se sentó junto a mí un caballero anciano. Cuando

terminé mi cerveza, él ordenó otra para mí. Entonces se presentó. El tapiz era suyo. Le había sido obsequiado por un huichol amigo suyo, hecho que me impresionó profundamente. Nunca, desde aquella tarde con la señora Simpson, se me había ocurrido que seres humanos modernos —ciudadanos norteamericanos, como este hombre sentado en el bar junto a mi— estaban verdaderamente en contacto con los indios, lo suficientemente en contacto como para ser honrados con obsequios tan preciosos, como este tapiz.

—Los huicholes son gentes notables —dijo—. Mantienen costumbres anteriores a Colón.

Explicó que cada año los huicholes son encabezados en un peregrinaje por poderosos chamanes a un lugar llamado Wirikuta. Al hacerlo, siguen las huellas de sus ancestros, los Viejos Antepasados, quienes a través de sus desplazamientos tejieron y unieron los elementos del mundo: todas las plantas, animales, piedras, montañas, ríos y océanos. Señalando al tapiz, agregó:

—El huichol cree que todos somos uno con los demás y todos, parte de un gran sueño cósmico. Esto lo expresan en su arte.

Al terminar su explicación, nuestros ojos se encontraron.

—Lo he visto aquí antes, estudiando el tapiz —dijo—, no pude evitar darme cuenta de lo triste que se le ve.

En aquellos tiempos no era yo una persona muy abierta que digamos y sin embargo, por alguna razón, le conté a este extraño mi desagrado por Middlebury. Le dije que siempre había soñado con viajar, vivir con los indios y escribir.

—Entonces ese es su viaje a Wirikuta —dijo sonriendo con amabilidad—. Es un pacto sagrado que debe guardar en secreto. —Levantó su tarro y tocó con él el mío—. No importa lo que diga su padre. Usted debe escuchar su corazón, que le habla desde un sitio de gran sabiduría. Es por eso que siempre retorna a este sitio para clavar la vista en el tapiz. Usted puede viajar por su propia ruta, pero a Wirikuta tiene que ir.

Sentí que me quitaba un gran peso de los hombros.

Al día siguiente, me pasé varias horas en la biblioteca pública de Boston. Confirmé que lo que me había dicho de los huicholes, en verdad era cierto y que su creencia en la unidad cósmica —como un pacto de empatía entre todas las cosas— tiene mucho en común con las creencias de muchas otras gentes en todo el mundo: los shuara y otras tribus amazónicas, los quechuas de los Andes, los mayas de Centroamérica, los badyaranques del Senegal, los bugis de Indonesia, los polinesios y hawaianos, así como múltiples grupos norteamericanos y esquimales. Para cuando salí de ahí y volví a ver la luz del sol en el Copley Square, mi cabeza estaba dando vueltas. Eufórico, sabía que sólo había tocado la superficie de algo vasto, algo que llegaba muy hondo y se aferraba a las raíces de mi subconsciente. Además ya había tomado una decisión.

Diez días después, me salí del Instituto Middlebury y empecé a trabajar en Boston como redactor del *Record American* y me remonté como un águila. Esa decisión radical me enseñó más de mí mismo que ninguna otra cosa que hubiese hecho antes.

Dejar Middlebury empezó a abrirme una puerta, una puerta que me ayudó a reconocer algo que había sabido desde niño: nuestros sueños tienen su modo de tornarse realidad.

Los niños disfrutan de un sentido de unidad con todas las cosas de su vida. Se ven a sí mismos no como "separados de" sino más bien, como "parte de". Cuando yo era niño, podía convertirme en cualquier cosa o cualquier persona que yo quisiera ser, un árbol, Peter Pan, o un jefe indio. Todo lo que tenía que hacer era soñarlo y creerlo. Como el huichol en Wirikuta, yo era uno con todo, era parte del sueño cósmico.

Después, los adultos me enseñaron, al igual que a mis amigos, a creer que no éramos uno con todo, a segregar las cosas, a categorizarlas y romperlas hasta reducirlas a sus más pequeños componentes. Nuestras historias favoritas, se nos dijo, eran "cosas de niños" sin relevancia en el mundo adulto. Soñar de día era desalentado, e incluso castigado. Los sueños nocturnos se convirtieron en un juego para ser descifrados por un libro con lindas descripciones que ignoraban el increíble poder que poseen los sueños. Nosotros sabíamos del terror de las pesadillas y del éxtasis de los sueños de la pubertad, pero se nos decía que hiciéramos caso omiso de eso. Algunos fuimos severamente castigados cuando hablábamos del tema, pero no tardamos mucho en aprender.

El huichol, por otra parte, apoya el proceso de soñar a través de la vida. Emplean sus increíbles tapices y sus peregrinaciones anuales a Wirikuta, para celebrar y formalizar la entrada a estos mundos paralelos. Como otras culturas —culturas en las que cada uno de nosotros puede encontrar su origen— el huichol también usa al reino vegetal como maestro. Pero yo no sabía nada de eso el día que dejé Middlebury.

El *Record American* de Boston era uno de los últimos eslabones de la vieja cadena de periódicos sensacionalistasHearst, especializados en crimen, escándalos políticos y deportes. Sus reporteros reflejaban la personalidad del periódico: se trajeaban llamativamente, masticaban gruesos puros, y se paseaban por la redacción como si fueran los dueños del mundo.

A mí me encantaba mi trabajo. La redacción, donde trabajaba, era el corazón el periódico. El aroma del tabaco de puro y del papel revolución o de diario, era intoxicante. Conversaciones escuchadas accidentalmente, sobre los jefes de la mafia, incendiaban mi imaginación. El entorno del lugar estaba más allá de mis expectaciones más descabelladas: los reporteros entraban y salían a toda velocidad, los teléfonos sonaban incesantemente, y personajes excéntricos vagaban por ahí tratando de ser entrevistados.

Mis días como redactor se vieron amenazados cuando el presidente Johnson envió más tropas a Vietnam. La única manera en que podía yo conservar mi trabajo y evitar ir a filas, era regresando a estudiar. Middlebury estaba fuera de discusión, así que de mala gana me inscribí en la Universidad de Boston.

En los años sesenta, los centros educativos de Boston, al igual que todos los de la nación, estaban preocupados por Vietnam, las drogas y el sexo. A los lectores del *Record American* les encantaba leer sobre las tres cosas. Esto creó una rara oportunidad para mí. Bajo circunstancias normales, yo habría tenido que servir como aprendiz durante al menos dos años antes de pensar siquiera en convertirme en reportero. Las circunstancias, sin embargo, estaban lejos de lo ordinario.

Escribí un artículo corto para la edición dominical sobre la revolución sexual, nada muy provocativo, sólo estaba enfocado a las parejas jóvenes que vivían juntas sin estar casadas. Después seguí con entrevistas a estudiantes que apoyaban o rechazaban la política de Johnson en relación con la guerra de Vietnam. Me sentí a gusto con ambas publicaciones, pues los temas me atañían personalmente. Pero mi siguiente asignación, sobre drogas alucinógenas, me horrorizó. Jamás había probado una droga, ni siquiera la omnipresente mariguana, y me atemorizaba el prospecto de entrevistar siquiera a gente involucrada en tales actividades.

En aquel tiempo, Timothy Leary y Richard Alpert estaban llamando la atención con el trabajo que se encontraban realizando sobre el LSD a través del Centro de Investigación de la Personalidad de la Universidad de Harvard. Mi editor me convenció que la investigación sobre la droga en el medio colegial no implicaba ningún peligro, así que con cierta ansiedad llamé al Departamento de Etnobotánica, en el Museo Botánico de Harvard, para obtener el nombre de alguien familiarizado con las drogas psicotrópicas. Por la vía telefónica fui presentado con Bob Gutiérrez, un hombre joven que habría de tener un profundo efecto en mi vida.

Bob estuvo de acuerdo en encontrarse conmigo bajo un viejo roble no lejos de la entrada al Museo Botánico. Me había parecido suficientemente racional por teléfono, pero cuando lo vi acercándose, el corazón se me fue a los pies. Su aspecto desaseado y su pelo largo me dieron un ataque de ansiedad. Sonrió inocentemente pero en forma desalentadora y señaló hacia el museo.

—El dominio del gran hombre —dijo— y me guió a una banca bajo la sombra del árbol. Me acomodé en un extremo de la banca, tan lejos de él como me fue posible.

Después de una plática trivial, mencioné a Leary y Alpert. Bob me dirigió una mirada extraña.

—Esos sólo son unos oportunistas —dijo a la vez que se lanzaba el pelo hacia atrás en un gesto de liberación—, creen que el LSD es un regalo de la Diosa Ciencia para los estudiantes universitarios.

Estaba sorprendido y un tanto aliviado.

—¿Y usted no está de acuerdo?

—¿No lo sabe? —No podía o no quería ocultar su desprecio—. Obviamente no hizo usted su tarea —dijo, y luego se rió.

—Yo estudio con Richard Schultes, el etnobotánico que ha volteado este lugar al revés —dijo señalando al museo.

—Nosotros no estamos de acuerdo con Leary en casi nada.

Me explicó que Schultes había dedicado su vida al estudio de los indígenas de los grandes bosques, para aprender su modo de curar, en especial el uso que hacen de las plantas.

—Y por supuesto que eso incluye variedades psicoactivas.

—¿Como el LSD?

Su mirada hizo que me quisiera yo meter debajo de la banca.

—El LSD no es una substancia proveniente de una planta, no es producto de la Madre Tierra, sino de la Diosa Ciencia, es una falsa deidad. Es usada por gente muy ignorante para escapar de los problemas de este mundo. Las plantas psicoactivas son estudiadas durante años por los chamanes de las tribus, y son usadas para convertirse en uno con el mundo.

Le pregunté si incluía al doctor Leary entre los considerados ignorantes.

—Absolutamente —respondió mostrando una sonrisa amplia y condescendiente. Luego procedió a hacer una disertación sobre la maldad de nuestro sistema educacional, un sistema, dijo, que nos fuerza a adorar a la Diosa Ciencia, a expensas de todo lo demás.

Se paró y se dirigió al tronco del árbol.

—Este árbol vivo, puede enseñarnos mucho más que las palabras de expertos escritas en el papel que podría producir estando muerto. Los indios del Amazonas conocen el poder de las plantas. Si estuviese uno de ellos aquí ahora, le diría a usted que este árbol posee la sabiduría del universo, al igual que todas las plantas.

Regresó a la banca y continuó:

—Igual que nosotros los humanos. El problema es que nosotros, en el "mundo civilizado", hemos olvidado cómo usar la sabiduría con la que nacemos, que es parte de nuestra naturaleza.

Se sentó de nuevo y me contó la historia de la primera experiencia de Schultes con ayahuasca, un potente alucinógeno usado por los chamanes amazónicos.

—Su nombre significa viñedo del alma —dijo— y a quien lo usa le permite volver al seno de la Madre Tierra, la fuente de todas las cosas.

Me explicó que los indios con los que trabajaba Schultes creían que una persona que bebe el jugo de una planta psicoactiva es capaz de ver que él y la planta comparten un origen común y por consiguiente, están inseparablemente unidos.

—El concepto del evolucionismo de que la vida es una pirámide que tiene al hombre sentado en la parte más alta, es un absurdo inventado por unos cuantos científicos manipuladores. Percepción. Todo es cosa de percepción. Los indios —como los antiguos griegos, celtas, egipcios y todos los demás, excepto lo que nosotros llamamos el mundo civilizado— han percibido las cosas de manera muy diferente.

Para cuando terminó, mi ansiedad se había disipado. No podía evitar sentirme impresionado por lo que había dicho. Todo era bastante nuevo y extraño para mí, y no obstante me sonaba muy... la única palabra que se me ocurrió, fue muy *sano*.

—Es cosa de percepción —repitió—. ¡Quién sabe en dónde se encuentra la verdad, si es que existe tal cosa! Pero creo que podemos decir esto: que nuestra percepción de la cultura es extremadamente centrada en nosotros mismos, voraz, y probablemente, en último análisis, destructiva. La percepción indígena, por otra parte, es nutriente, soportable, autosuficiente.

Me miró directamente a los ojos, para continuar:

—Y llena de optimismo. Cuando esté en mi lecho de muerte, preferiría creer que estoy a punto de volver al seno de la Madre Tierra, que a cualquiera de esos sitios que nos ofrecen las diferentes religiones.

Años más tarde, estudiaría los extensos escritos de Schultes*. Para ese tiempo se había convertido en la mayor autoridad del mundo en plantas tropicales. Timothy Leary quedó relegado a la penumbra, pero Richard Schultes dejó una marca indeleble.

Yo habría de aprender de Schultes que la ayahuasca es conocida también como *yaje* y como *caapi*, y que su nombre científico es *Banisteriopsis caapi*. Altamente tóxica, pertenece a la familia de las malpiguiáceas, y contiene un grupo de alcaloides conocidos como beta carbolines, de los cuales es componente primordial la harmina. A veces observaba a los chamanes amazónicos prepararla, con frecuencia hirviéndola con otras plantas. Schultes me diría que esas otras plantas incluían chacruna (*Psychotria viridis*, de la familia de las rubiáceas o del café), chagropanga (*Diploterys cabrerana*, también de la familia de las malpiguiáceas), chiricaspi (*Brunfelsia chiricaspi)* y chiric-sanango (*Brunfelsia grandiflora*, variante de *Schultesii*, llamada así en honor a él). Estos aditivos contienen

* Richard Evans Schultes y Robert F. Raffauf, *Vine of the Soul: Medicine Men, Their Plants and Rituals in the Columbian Amazonia* (Oracle, Ariz.: Synergetic Press, 1992), pág. 4.

generalmente triptamines y sirven para prolongar y fortalecer los efectos de la ayahuasca.

Mi propia experiencia, aunada a lo que aprendí de Schultes y de otros, me enseñaría que la "vid del alma" no es una traducción particularmente atinada y precisa del término usado por los chamanes, ya que el concepto de alma como nosotros lo entendemos, no es aplicable en culturas en las que la cosmología está fundada en la unidad de todas las cosas. Sin embargo, los chamanes que hablan español como segundo idioma, continúan usando esta traducción, a la par que la "vid del espíritu de sabiduría" y la "vid de la muerte".

Muchos años después de mi entrevista con Bob Gutiérrez, tomaría ayahuasca, como lo describo en capítulos subsecuentes. Puede resultar una experiencia aterradora y peligrosa. No obstante, a través de su uso yo he ganado en mi percepción interior de las cosas, y debo de añadir que la gente que practica la psiconavegación, tiene experiencias muy similares, sin los efectos psicológicos colaterales y sin peligros.

Un anciano de la tribu Salascan, en las laderas orientales de los Andes, me comentó cierta vez que las plantas psicotrópicas deberían usarse como sacacorchos para abrir un agujerito en nuestra cabeza.

—Después de hecho el agujero —dijo—, ya no necesita volver a tomar jamás la poción. Toda la sabiduría simplemente se cuela y entra por ahí.

Le pregunté si era realmente necesario tomar plantas psicotrópicas. Lo pensó por un momento.

—No —dijo por fin—, el conocimiento está dentro de todos nosotros de cualquier modo, sólo debemos abrir la cabeza y permitir que los sueños perforen nuestros gruesos cráneos. Hay muchas formas de hacer esto —dijo, y siguió adelante describiendo técnicas y actitudes que se repiten a través de este libro.

Es muy importante hacer hincapié en que la ayahuasca, como

se emplea en las culturas amazónicas, difiere radicalmente de las drogas alucinógenas ingeridas con propósitos recreacionales en las culturas "civilizadas". Esta diferencia es algo que Schultes, y muchas otras autoridades, subrayan, y se da en un área en la que, quienes así opinan, se alejan de las enseñanzas de Timothy Leary. Para los amazónicos, las plantas psicotrópicas eran un vehículo para viajar a lo sagrado, para establecer comunicación con el mundo natural y el mundo supernatural, así como con el sueño universal, en el que todos estamos unidos. Ingerir estas plantas no proporciona un escape de la realidad, sino más bien, un profundo viaje al interior de las muchas realidades que componen la unidad de todas las cosas, sean plantas, animales, minerales o espíritu.

La idea de que nuestro posición de la humanidad en la cúspide de la pirámide no es más que una percepción, nunca se me había ocurrido, hasta aquel día con Bob Gutiérrez. Mucho tiempo después me daría cuenta de que este punto de vista es muy chamánico. Si el mundo es como nosotros lo soñamos, entonces toda realidad es materia de percepción. Lo hemos soñado, por lo tanto, es. Me he llegado a convencer de que todo lo que pensamos y sentimos, es puramente percepción, que nuestras vidas —tanto individuales como comunitarias— están moldeadas alrededor de tales percepciones, y si queremos cambiar, hemos de alterar nuestras percepciones. Cuando dirigimos nuestra energía a otro sueño, el mundo es transformado. Para crear un mundo nuevo, debemos crear primero un nuevo sueño.

Mucho de lo que ahora sé sobre el poder de nuestros sueños, lo he aprendido de otro personaje notable: un anciano miembro de los shuara, tribu amazónica de cazadores de cabezas.

2
Los shuara

Ya había conocido a miembros de la tribu shuara*. En 1968, cuando como voluntario de los Cuerpos de Paz ayudaba a los granjeros andinos a colonizar la cuenca del Amazonas, los shuara eran considerados guerreros feroces. Yo escuché muchas historias sobre sus incursiones, sus cacerías de cabezas y sus rituales salvajes, aunque a través de encuentros personales me percaté de que eran gente compasiva e intensamente preocupada por el impacto que estaban teniendo los colonos en la frágil ecología de los bosques.

El pueblito en que viví en 1968 estaba rodeado por la selva, a una jornada de cinco horas desde el final de un camino lodoso, que como larga herida, cortaba por las laderas occidentales de los Andes. Hoy, aquel camino pasa por el centro de un pueblo: la selva ha desaparecido

Algunos shuaras han renunciado a sus costumbres y hábitos tradicionales e intentado adoptar costumbres occidentales. La mayoría ha vivido una existencia pobre en barrios de las compañías petroleras. Otros, determinados a mantener su independencia, han penetrado más profundamente en la selva hacia sitios al este de las montañas Cutucú, antigua cordillera envuelta en neblina,

---

* En diversos libros se hace referencia a los shuara como "jíbaros", un término peyorativo que significa "tosco" o "salvaje", y es aplicado a los shuara por sus vecinos de habla hispana. Comprensiblemente, los shuara no emplean tal término.

que hace mucho tiempo se separó de los Andes y movieron su gigantesco volumen hacia el río del que recibe su nombre este vasto territorio.

En 1992 decidí tratar de visitar a los shuara de Cutucú. Acababa de vender mi empresa de energía alterna y estaba luchando con la culpa que había sentido durante todos esos años, cuando como voluntario de los Cuerpos de Paz y consultor del Banco Mundial, había promovido la colonización de los bosques y la construcción de carreteras, presas y otros proyectos que se convirtieron en pesadillas ecológicas. Con dolor me había ido dando cuenta del poder del mensaje que le habíamos mandado al mundo. "Háganse desarrollados, como nosotros", dijimos. "Dejen de vivir en el Tercer Mundo, sigan nuestro ejemplo: ingresen al Primer Mundo". El único problema era que nuestro ejemplo había destruido muchos de los parajes más hermosos del planeta y amenazaba con descompensar completamente el equilibrio entre los humanos y la naturaleza. Yo tenía la esperanza de aprender algo del Cutucú shuara. Estaba en busca de una nueva dirección en mi vida y de encontrar algún modo de deshacer los males que habían sido perpetrados por mi generación.

El viaje logró mucho más de lo que yo hubiese podido prever y esperar. Fue la iniciación de una serie extraordinaria de acontecimientos. Durante los siguientes veinte meses habría de hacer repetidas visitas a los shuara, a las gentes de la Tierra Baja quechua y a otros pueblos amazónicos y andinos. Habría de experimentar de primera mano la forma en que los sueños y la comunicación directa con la naturaleza, así como las voces interiores, afectan sus vidas cotidianas.

Se me dijo que mi punto de destino más allá de Cutucú requería una caminata de cinco días a partir del camino más cercano, es decir, cinco días para los shuara, por lo menos el doble para mí. Un amigo ecuatoriano hizo los arreglos para que un avión monomotor

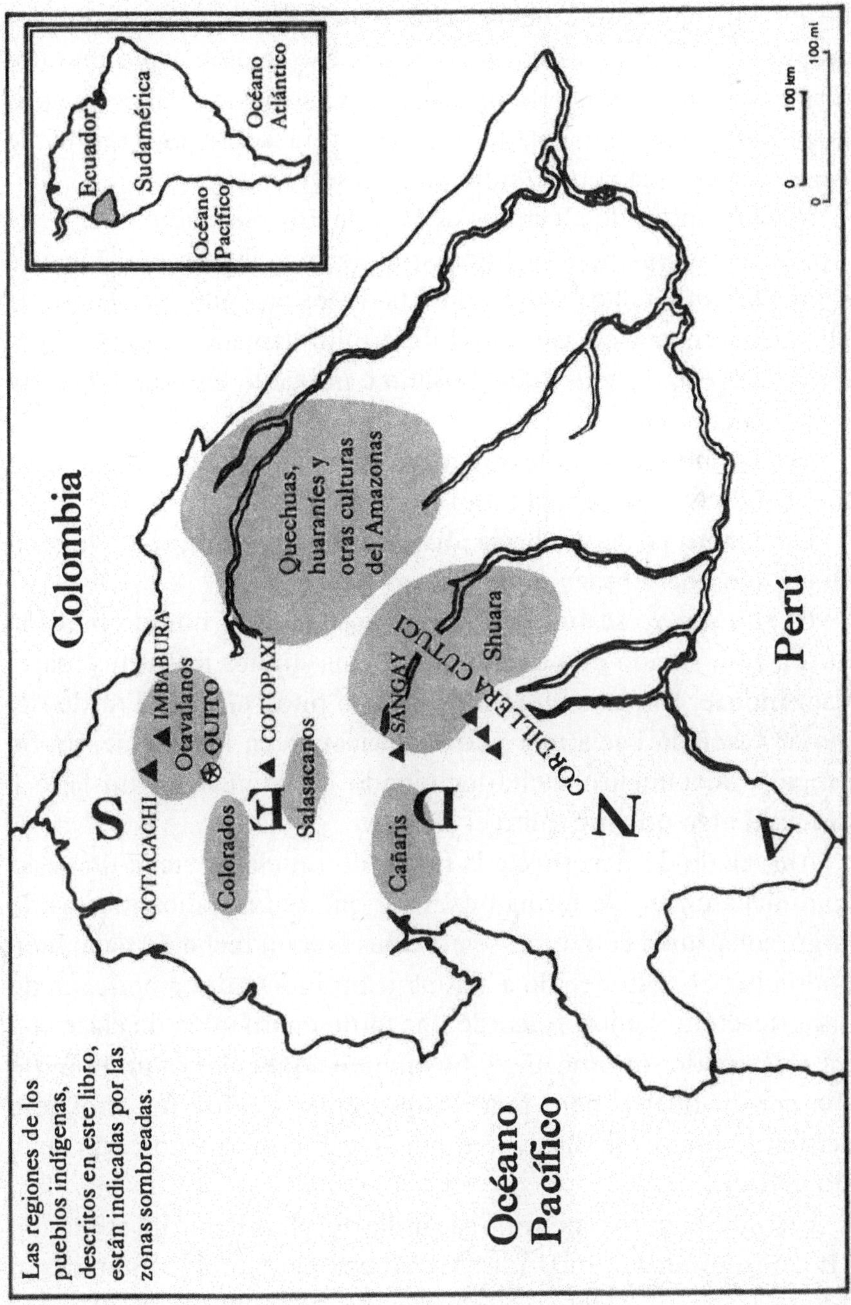

Las regiones de los pueblos indígenas, descritos en este libro, están indicadas por las zonas sombreadas.

de los misioneros me llevara allá. A pesar de que en múltiples ocasiones había recorrido los bosques caminando a pie grandes distancias durante mis tiempos en los Cuerpos de Paz, esta sería la primera vez que volaría a poca altura sobre ese tejido de vegetación, hacia la profundidad de la selva.

Poco después de alejarnos de la pequeña pista aérea del Valle Upano distinguí abajo las líneas que definen la frontera. Al oeste estaba la tierra talada y desmontada de los colonos, gran parte de ella aún humeante a causa del desarrollo llamado "cortar y quemar". Y al este se extendía el sólido e intocado bosque. El piloto volteó hacia mí.

—Esas líneas se mueven más al este todos los días —dijo, meneando con tristeza la cabeza.

En cuanto pude ver hacia abajo y observar solamente vegetación, tuve una sensación de descanso.

El abrupto y escabroso Cutucú me recordó el mundo perdido de Tarzán, siendo ello como otro de mis sueños infantiles materializándose. El piloto gritó algo que no pude oír por el ruido del motor y señaló hacia una pequeña cicatriz en la vegetación. Se dirigió directamente a ella inclinando el avión hacia un lado y descubrí algo que me quitó el aliento.

Ahí, abajo de nosotros, a la mitad de un claro estaba una casa comunal shuara. De forma oval y de quizás unos diez metros de largo, construida con estacas verticales con un techo de paja, bien podría haber pertenecido a alguna tribu india norteamericana de hace trescientos años. Recordé una tarde en un salón de clase con mi maestra de séptimo año y busqué en aquel claro a un hombre con arco y flecha, pero todo lo que encontré fue un arroyuelo corriendo junto a la casa y lo que parecía un pequeño jardín a su alrededor.

Un movimiento repentino a la orilla del claro llamó mi atención. Mi corazón omitió un latido. Mi cabeza pegó en la ventanilla al tratar de ver mejor. Pero nadie apareció. Quizás haya sido solamen-

Foto de Ehud C. Sperling

FIGURA 1: Cabaña alargada de los shuara, vista aérea

te mi imaginación, o la sombra de algún ave en vuelo. Sin embargo, sentí que la señora Simpson estaba cerca.

Cuando rebasamos el claro, el piloto dirigió la nariz del avión hacia los árboles y se ladeó de nuevo. Un espacio apareció en la espesura: era nuestra pista de aterrizaje. El avión descendió. Los árboles rozaban nuestras alas. Tocamos tierra, rebotamos y corrimos por la selva. Entonces nos detuvimos. Por la ventanilla observé lo que estaba ansioso de ver.

Un enjambre de shuaras formaba una valla a la orilla de la polvosa pista. Vestían camisetas playeras y shorts de algodón, no los taparrabos y las bandanas de antes. Nos observaban atentamente mientras su pelo volaba por la fuerza de nuestra hélice. Me sentí algo así como un visitante extraterrestre.

En cuanto se detuvo la máquina, el piloto salió caminando sobre el ala. Yo le seguí de cerca. Los shuaras se mantenían quietos esperando. Sus rostros no mostraban signo alguno de bienvenida ni de ninguna otra emoción. Cuando llegamos a ellos, empecé a

Foto de John Perkins

FIGURA 2: Cabaña alargada de los shuara

presentarme. Cada uno me dio la mano. Su actitud pareció cambiar. Varios sonrieron ligeramente. Uno, un joven vestido mejor que los otros, con camisa estampada, habló en perfecto español. Su nombre era Tomás, según dijo, asistía a la Universidad de Quito y estaba en casa de vacaciones. Fui muy bienvenido. Me encaminó lejos del avión, hasta el final de la pista.

—Espere aquí —dijo mostrando un diente de oro que brillaba al sol—, cuando el avión esté descargado, iremos río abajo en canoas. —Y señaló un estrecho agujero en el follaje a la orilla de la selva.

Acepté con la cabeza. El retornó al avión, donde sus compañeros ya habían empezado a descargar bolsas de cáñamo y huacales de madera. Observé durante varios minutos y luego caminé lentamente a un agujero que había en la espesura de la selva. Era un boquete prometedor, parecido a un túnel, que llevaba al interior de la selva. Intenté asomarme por él, pero encontré solamente obscuridad.

Foto de Ehud C. Sperling

FIGURA 3: Río en donde los shuara tienen refugios

Como no estaba ayudando en nada sino sólo esperando, entré al agujero. Estaba fresco y silencioso. Los olores de las plantas y de la tierra húmeda, me envolvieron. Ocasionalmente el canto de un ave era todo lo que rompía el silencio en aquel ambiente que sentí claramente mítico. Anduve vagando. Una mariposa que revoloteaba se posó en mi hombro. De pronto, el sendero dio una vuelta brusca y apareció ante mí una playa arenosa y larga, en declive hacia un río.

Había dos canoas varadas en la playa. Atraído por ellas, sentí la urgencia de tocarlas. Me paré entre las dos y dejé que mis manos recorrieran sus rugosas bordas. Estaban bastante usadas, llenas de cortes y de raspones, y sin embargo, daban la impresión de ser muy valoradas y hasta amadas. En algunas partes tenían parches cuidadosamente hechos. Los remos que había en ella eran de hermoso diseño, con sus hojas en forma de corazones gigantes, o acaso como hojas de palma.

De pronto sentí la presencia de un hombre detrás de mí. Di

vuelta a la cabeza y lo vi ahí parado dando la espalda a la selva.

Tenía un mechón de pelo blanco. No usaba camisa y su piel arrugada me hizo pensar que tendría más de ochenta años, pero fueron sus ojos los que me llamaron la atención, profundos y muy brillantes, daban una sensación de sabiduría a la par que de intensa tristeza. Creí ver en ellos un conocimiento ajeno al tiempo, que era a la vez hipnótico y amedrentador.

—Yo soy Numi —dijo extendiendo una mano desgastada—, en español mi nombre es Alberto. Usted ha de ser el gringo que estamos esperando.

Había oído hablar mucho de él durante los días que pasé preparando este viaje. Era en parte shuara y estaba casado con una shuara de raza pura. A pesar de haber sido maestro en la escuela católica de la misión, estaba considerado como un poderoso chamán. Sobre todo, la gente hablaba de él como de un buen ser humano y un auténtico maestro que formó un puente entre culturas.

Se sentó en la orilla de una canoa y me hizo señas de que hiciera lo mismo. Entonces empezó a formular preguntas. Era franco y abierto. Sus preguntas no eran inquisitoriales, sino dirigidas en la forma en que lo hace una persona profundamente interesada en aprender. Estaba, sentí, acostumbrado a ayudar a otros con sus problemas.

Me confió que varias veces había estado a punto volver a la civilización.

—Es demasiado ruda —dijo—, y no soy lo suficientemente rudo para esa clase de vida. —Yo me reí de eso.

—De donde yo vengo, le dije, se considera ruda la selva. Si puede vivir aquí, puede sobrevivir en cualquier parte.

Sacudió la cabeza y volteó a ver hacia el río.

—Sé lo que quiere decir —continué—, yo me siento desanimado por el materialismo de mi cultura. El crimen, el divorcio, la voracidad y la contaminación.

—Usted ha perdido contacto con Madre —contestó.

Se paró abrió los brazos y giró lentamente en círculo.

Lo observé en silencio. Cerró sus manos empuñándolas y se las llevó al corazón.

—Ahora empieza a doler.

—Sí. —Incidentes de mi propia vida retornaron a mi mente—. A veces creo que lo único que nos importa es el dinero y dominar las cosas, dominar a otras gentes, otros países, la naturaleza. Creo que hemos perdido la capacidad de amar.

Sus ojos se encontraron con los míos; era dura su mirada.

—No han perdido la capacidad —dijo. Me siguió mirando penetrantemente. Finalmente desvió los ojos hacia la selva, rumbo a la orilla opuesta el río.

—El mundo es como uno lo sueña —dijo al fin mientras caminaba a la orilla del agua—. Su gente sueña en grandes fábricas, rascacielos, tantos coches como hay gotas de agua en este río. Ahora empiezan a darse cuenta de que su sueño es una pesadilla. —Se agachó a recoger una piedra—. El problema es que su país

Foto de Ehud C. Sperling

FIGURA 4: Niño shuara

es como esta piedra. —La arrojó a lo lejos en el río—. Todo lo que hacen produce olas a través de la Madre.

Me paré junto a él.

—Yo he visto la línea donde termina la destrucción y empieza la selva. Pensé en mi propia vida egoísta, los sueños negativos a los que les había dado mi energía.

—Es algo increíble. Hemos metido nuestra voracidad a fuerzas en su mundo. —Esto produjo un risita ahogada entre dientes.

—Sí —dijo. Me miró fijamente a los ojos—. Pero usted quiere ser diferente. Tendrá que aprender a cambiar. Quizás por eso ha venido, para aprender de nosotros.

—¿Cómo puedo cambiar, don Alberto? ¿Cómo puede mi gente cambiar esta terrible situación que hemos creado?—Nuevamente me clavó la mirada.

—Eso es sencillo —replicó—. Todo lo que tiene que hacer es cambiar el sueño.

Me sonó tan fácil.

—¿Cuánto tiempo será necesario?

Echó otro vistazo al río y respondió:

—No se puede lograr en una sola generación. Solamente necesita sembrar una semilla diferente, o sea, enseñar a sus hijos a soñar nuevos sueños. Yo le presentaré gente que podrá ayudarlo.

Afuera, la selva estaba en movimiento. Una cacofonía de cantos y chillidos de aves era mi despertador. Abrí los ojos ante la luz suave que penetraba las paredes de palma de la choza del chamán Kenkuim. Un gallo cantó en alguna parte a la distancia. Al estirarme moví las hojas de plátano que cubrían el suelo terroso sobre el que estaba mi bolsa de dormir, provocando que tronaran como minúsculos incendios. Recordé que me había despertado en una ocasión durante la noche. Todo estaba obscuro, con excepción de la parpadeante luz que yo atribuí a una vela, hasta que noté que había una sombra sentada en el rincón y escuché la música de su flauta de bambú. Le hablé, creyendo que se trataba de Kenkuim, pero cuando nadie me respondió, pensé si no sería uno de los espíritus que según los shuara vagan por los bosques durante la noche, visitando con frecuencia las casas de los poderosos chamanes. Al principio me asusté, pero luego, al no presentir maldad alguna, me quedé dormido al arrullo de la melodía que brotaba de la flauta.

Ahora, a la amigable luz de la mañana, la choza parecía transformada. No había señal alguna de mi aparición, ni su flauta, ni su vela estaban a la vista por ninguna parte. Sospeché que, después de todo, se había tratado de un mortal. Sin embargo, la familia de Kenkuim estaba muy callada. Yo sabía, por los ruidos ya familiares, que estaban preparando el desayuno atrás de la mampara de madera que separaba el área de cocinar del círculo ceremonial, que era donde me habían concedido el privilegio de dormir. Oí la delatora risita de un niño y el chirrido de una olla al ser levantada del fuego. El olor a humo de madera me recordó las mañanas de otoño en New Hampshire y mi sueño de la niñez consistente en vivir con los indios.

Reflexioné en que estábamos a mediados de octubre de 1992 y traje a la memoria un día, en 1952, cuando hice el papel de un jefe indio dándole la bienvenida a Cristóbal Colón, en mi clase de segundo año.

Quinientos años, casi al día, desde aquel funesto arribo, ¡y aquí estaba yo con una familia indígena en el Amazonas! Parecía increíble. Deseando que aquel momento se prolongara, me di vuelta y me cubrí la cabeza con la orilla de mi bolsa de dormir. Escuché los sonidos de la selva y de la familia shuara. Bebí la variedad de aromas y pensé en el aventurero italiano que había reclamado estas tierras para España. Un héroe en 1492 y también en 1952, Colón era una persona distinta en 1992.

Escuché pisadas y asomándome por debajo de una esquina de mi bolsa de dormir, vi una carita. Gritó de gusto y desapareció.

Sabía que ya debía levantarme, pero decidí tomarme unos cuantos minutos más para quedarme donde estaba escuchando los sonidos, aspirando los aromas y pensando en este día.

La imagen de Colón en 1992, estaba empañada. Algunos lo culpaban por el genocidio de los indígenas de América, y por la destrucción de sus bosques. Aunque Colón había, sin duda, explotado a la gente del Caribe en su propio provecho, estaba muerto desde hacía casi quinientos años, mucho antes de la destrucción que había tenido lugar durante mis tiempos, motivada porque las industrias necesitaban petróleo, madera, ganado, oro y otros recursos, para alimentar el apetito, al parecer insaciable, de las culturas modernas.

Giré sobre la espalda y vi hacia arriba el alto techo de paja, obscurecido por el humo del fuego que se conserva ardiendo constantemente, no sólo para cocinar, sino también debido a que el humo ayuda a mantener contacto con los antepasados que se han convertido en lluvia, pájaros, plantas, o animales.

El shuara cree que sus antepasados están siempre disponibles para actuar como guías y maestros. Buscan respuestas a interrogantes prácticas, así como consejos en general sobre cómo vivir sus vidas. Me vino el pensamiento de que el espíritu de Colón podría enseñarnos, hoy en día, una o dos lecciones sobre este mundo al que hizo tanto por delimitar.

En las postrimerías del siglo XV, muchas gentes creían que el mundo era redondo, y sin embargo, actuaban como si fuese plano. El comercio, la política, la filosofía, la religión y la guerra estaban fundados en conceptos de un mundo plano, como el temor de ir demasiado lejos y salir de las restricciones físicas impuestas. El mismo temor también hacía resaltar la fragilidad humana, en tanto que glorificaba el misterio de lo desconocido. Los mapas de los marinos describiendo gigantescos dragones cerca de las orillas, doblegaban al hombre ante el poder de la naturaleza.

Tan pronto como Colón retornó a España, todo eso se modificó.

Si el abismo no existía, si no se iba uno a caer en las mandíbulas de un monstruo y si en vez de eso, podía uno seguirse de frente hasta regresar a casa, ¿dónde estaba, entonces, el misterio? Los viajes de Colón suprimieron en verdad la barrera de temor que frenaba a sus contemporáneos de experimentar y probar sus limitaciones físicas y perceptuales. La exploración global fue una manifestación exterior de nuevas percepciones en relación con la ciencia y con el papel que desempeña el ser humano en el mundo.

Recostado ahí, contemplando el humo según se elevaba hacia el obscurecido techo, reflexionaba sobre el mensaje traído por el espíritu de Colón. El tema que tenía en mente, no era si Colón había sido un héroe o un villano, sino su valor de salir y demostrar que lo que muchos ya sabían, era la verdad. Como las gentes de aquel tiempo, muchos de nosotros, en la actualidad, permitimos una percepción falsa para así controlar nuestras vidas. La mentalidad de minar y contaminar la Tierra, levantando constantemente montañas más altas de riqueza material para satisfacer nuestra voracidad, así como creer que la ciencia puede sanar todas las heridas, es nuestro equivalente a la imagen aquella de un mundo plano.

Y sin embargo, muchos de nosotros estamos inseguros sobre cómo implementar un nuevo modo de relacionarnos con la Tierra. Necesitamos que en la actualidad alguien haga el papel de Colón, para abrir nuestras percepciones de una nueva ecología mundial.

Una sombra se atravesó en mi visión. La carita volvió a atisbarme. Me senté y el niño me dio un plátano, giró sobre sí mismo y corrió tras la mampara de madera.

El mundo de Numi regresó a mí: "El mundo es como uno lo sueña". En tanto que el sueño había sido de un mundo plano, estas tierras simplemente no existían para Europa.

Mientras soñemos en un crecimiento económico a corto plazo, a costillas de un crecimiento a largo plazo apoyado en lo espiritual, la destrucción de este hermoso planeta que es nuestro hogar, seguirá adelante. Terminé el plátano. ¿Qué será necesario, me pregunté, para reemplazar el viejo y autodestructivo sueño, con otro que reconozca nuestra unidad esencial con todo lo que nos rodea?

Me puse de pie y me estiré un poco. Enrollé mi bolsa de dormir y me encaminé hacia la pared de estacas de palma. Como todas las casa shuaras, ésta había sido diseñada para que se pudiera ver fácilmente a través de los espacios entre una estaca y otra. La selva empezaba precisamente ahí. Los gritos de las aves eran potentes. Tuve la misma sensación que había tenido de niño. Una sensación que era difícil identificar, pero que estaba ligada al parentesco que sentía con los bosques y con las gentes que viven en ellos como invitados, más que como adversarios.

Me di la vuelta y caminé alrededor de la mampara de madera. La familia shuara estaba congregada alrededor del fuego para el desayuno. Kenkuim, el chamán, estaba sentado en su banquillo de madera. El banquillo había sido labrado de un sólo trozo de árbol en forma de tortuga, para representar a la tortuga viva que había servido de asiento a Tsúnkqui, la mitológica primera chamán y diosa del agua. Kenkuim miró en mi dirección. Se paró y me hizo señas de aproximarme.

Marta, la hija mayor, brincó y corrió hacia mí. Tomó mi mano y me guió hacia el fuego. Me sentí privilegiado por estar en presencia de estas personas. Sentí como que mi lugar estaba ahí, con ellos, en su hogar del bosque.

Siempre que estoy en un bosque, me torno intensamente consciente de mis limitaciones físicas. Sin coche, refrigerador o estufa, soy una persona diferente de la que fui educado para ser. Cubrir apenas ocho kilómetros puede repercutir en todos mis músculos. Preparar una comida se convierte en una empresa casi imposible hasta que la acepto como una ceremonia sagrada, un tipo de meditación. La mariposa viaja más de prisa que yo, la lombriz es un apoyo más eficiente.

Después de completar un día de jornadas y la cena, tengo una gran sensación de logro, incluso de euforia. Es fácil recostarse y mirando al techo, especular sobre la increíble inteligencia del propio bosque, o sobre el poder que lo hizo... que nos hizo ser. ¿Qué ingeniero pudo haber diseñado un sistema tan refinado? ¿Qué arquitecto pudo haber tenido la visión de tanta variedad y belleza?

Una noche, al caer el sol detrás de una montaña amortajada por la selva, me encontré observando a mis dos compañeros shuaras lavándose después de nuestra cena y pensando en cómo mis antepasados emergieron de un bosque en alguna parte del mundo que probablemente fuese similar a éste. Me tendí encima de mi bolsa de dormir, exhausto tras una caminata de seis horas por veredas lodosas y por un río alimentado por un glaciar.

En la surgiente obscuridad más allá de nuestro campamento, las luciérnagas calentaban sus baterías. Las pequeñas linternitas enviando, al parpadear, silentes mensajes entre los árboles, alejaron mi mente de mis pies ardientes y mis músculos adoloridos. Sentí el cuerpo relajado y una placidez y bienestar que me invadían. Entonces me dio un calambre en la pantorrilla. Mientras me aplicaba un masaje, vi a mis dos amigos trabajando sin muestras de cansancio. Con sus rostros radiantes a la luz de la hoguera, hablaban y reían en voces tan bajas que la selva apenas las notaba. Qué diferentes éramos, no sólo en las formas de relacionarnos con el mundo que nos rodea, sino también en nuestros cuerpos. Somos más altos y, en apariencia, más fuertes que ellos; yo me desarrollé con los alimentos más nutritivos del mundo industrial y educado en las mejores escuelas. Sin embargo ahí estaba yo tendido, incapacitado por una caminata que para ellos era tan rutinaria, como para mí ir en coche a la oficina. La aparente ironía se me antojó humorística, y entonces me vino otro pensamiento: que ellos y yo éramos, en realidad, totalmente iguales, compuestos de idénticos átomos y substancias químicas.

Vemos el mundo con distintos ojos —me dije—, y de inmediato recapacité en que no eran nuestros ojos los distintos, sino la forma en que vemos a través de ellos.

Uno de ellos se me acercó con las manos enconchadas una sobre la otra. Las bajó hasta mi bolsa de dormir.

—Voló demasiado cerca del fuego, déjela descansar —dijo. Y ahí, en una esquina de mi bolsa de dormir, depositó una luciérnaga con la luz extinguida.

La observé mientras empezaba a moverse lentamente, como un boxeador que trata de levantarse de la lona. Luego, milagrosamente, su luz comenzó a brillar, débilmente al principio, después más fuerte, hasta que a los cuantos minutos estaba repuesta y en su estado normal. Pareció darme las gracias en alguna forma, antes de volar hasta desaparecer en la negrura que ahora cobijaba el bosque. Me pregunté qué haría brillar su luz y caí en la cuenta de que estaba compuesta de las mismas substancias químicas que yo.

Observé a mi alrededor la diversidad de este lugar donde iba a pasar la noche. Debajo del plumaje, del follaje y las decoraciones, había una base común. En alguna parte, muy atrás en el tiempo, todos hemos emergido de la misma semilla. Sintiéndome cerca de los árboles y helechos, la tierra y las piedras, los pájaros y los insectos y de la Tierra misma, me recosté y cerré los ojos. Las voces de los dos shuaras me arrullaron. Me sentí soñoliento y en paz.

Debo haberme adormilado por un momento. De pronto me senté y vi algo que tenía en mi pie, descubriendo todo un desfile de hormigas. Me levanté de un salto, me cepillé de cabeza a pies y sacudí mi bolsa de dormir. Mis acompañantes me sonrieron y continuaron con su conversación. Antes de extender de nuevo mi bolsa de dormir, barrí las hormigas y las hojas con mis manos, dejando al descubierto la tierra desnuda. Satisfecho de haber limpiado el área al máximo posible, me acosté otra vez. Me aseguré de que se habían ido las hormigas, y cerrando los ojos, me concentré en los sonidos.

Las hormigas no tardaron mucho en regresar, las sentí explorando mis pies. Aunque no me picaban, su cosquilleo me volvía loco. Empecé a desesperarme. ¿Cómo iba a poder dormir con ellas atormentándome? ¿Y si empezaban a picarme? ¿Serían venenosas? Finalmente, cuando comprendí que no podía hacer cosa alguna al respecto, decidí resignarme con su presencia. Me hice a la idea de que pasarían la noche conmigo y que tendría que darles acomodo. Les enfoqué toda mi atención. Si no podía deshacerme de las hormigas, me dije, me uniré a ellas.

Recordé una historia que había escuchado tiempo atrás, sobre un guerrero apache que fue capturado por los comanches. Lo desnudaron y sus brazos y piernas fueron estirados y atados a estacas clavadas en la tierra. Todo su cuerpo fue untado de miel. Los comanches lo dejaron a merced de las hormigas.

Al principio los piquetes y las mordidas le enfurecieron. Luchó desesperadamente para liberarse. Pero cuando comprendió que no había manera alguna de soltarse, decidió ver el mundo desde la perspectiva de las hormigas. Se proyectó al interior de ellas. Según se lo iban comiendo, se visualizó convirtiéndose en hormiga. Cosas a las que no concedía importancia, como guijarros, gotas de rocío, o su propia piel, adquirieron un nuevo significado. De pronto se sintió abrumado por un sentimiento de éxtasis, pues a través de las hormigas, sintió que se estaba reuniendo de nuevo con su madre, la Tierra. No sólo estaba tornándose hormiga, estaba conectándose directamente con toda la naturaleza. Tuvo visiones de sus antepasados, los cuales bajaban y empezaban a cantar junto a él.

El guerrero apache empezó a cantar. Su poderosa voz, fue llevada por el viento hasta donde se encontraban acampados los comanches. Miradas furtivas empezaron a cruzarse alrededor de la hoguera. El canto apache puso nerviosos a los comanches, pues era del conocimiento de todos que los dioses no sonreían a los guerreros que mataban a un loco.

Los comanches se apresuraron a regresar a donde estaba su prisionero. Cubierto de hormigas y de sangre, se veía calmado, siendo su expresión la de un hombre en paz. Continuaba cantando con voz fuerte llena de alegría. Inmediatamente cortaron sus ligaduras y lo llevaron al río.

No daba la menor señal de agradecimiento cuando le lavaban la miel, las hormigas y la sangre. Se sentó en la orilla y se quedó mirando hacia el río. Así que los comanches lo dejaron ahí.

A la larga, el apache regresó con su gente. Les enseñó la belleza de las cosas más pequeñas: hormigas, granos de arena, las venas de una hoja. Les enseño a amar tales cosas y a recurrir a ellas como guías. Gentes de lugares remotos llegaron en busca del consejo de este poderoso chamán.

Abrí los ojos. Uno de mis amigos shuaras estaba mirándome.

—¿Le gusta dormir con hormigas? —preguntó.

—Vinieron solas —respondí encogiéndome de hombros.

Se acercó a los bultos que habíamos traído y se agachó. Al levantarse de nuevo, tenía en la mano un palo grueso y corto. Con su machete le quitó la corteza y me di cuenta de que era caña de azúcar. La llevó algunos metros hacia la selva y la colocó en el tronco de un árbol viejo.

—No más hormigas en su bolsa de dormir —dijo—, ahora estarán contentas.

La cascada sagrada de los shuara quita el aliento por su belleza. Pero además, estando de pie ante ella, mirando el arco iris a través de la aguas que caen, el visitante se llena de un sentimiento que trasciende la magnificiencia del paisaje. Sea cual sea la religión de cada quien, no puede evitarse sentir el espíritu de este lugar. Sus poderes desafían cualquier intento de describir la euforia inspirada por un fenómeno natural tan abrumador, que su voz parece cruzar el tiempo, hablándonos desde algún vetusto pasado, así como desde un futuro desconocido.

Foto de Ehud C. Sperling

FIGURA 5: Cascada sagrada de los shuara

Llegar a la cascada sagrada nos había tomado a Tantar y a mí la mayor parte del día. Había sido una caminata extenuante, en su mayor parte cuesta arriba, a través de una selva espesa, lodo y rápidos ríos a la vera de traicioneros bordes. La última hora había sido la más difícil, pues tuvimos que buscar nuestro camino de descenso por la resbalosa ladera de piedra, hacia un cañón que había sido cincelado en el granito rosado por la incesante energía del propio río.

Ahora estábamos parados ahí, mirando hacia arriba a través de la neblina el arco iris conocido como Tuntiak y viendo también el punto donde las heladas aguas se lanzan al bosque desde los labios de un gran acantilado de aproximadamente noventa metros de altura. El cielo estaba empezando a mostrar las pinceladas color magenta del atardecer, y el arco iris se iba obscureciendo ante nuestros ojos. Este era, en verdad, un lugar sagrado, pues fue desde Tuntiak de donde el primer hombre y la primera mujer shuaras emergieron. Habían sido creados simultáneamente e iguales, y no —como me habían dicho personas que conocían la historia cristiana de la Creación— uno después del otro. Nos desvestimos y nos metimos a las aguas profundas que están al pie de la cascada. El rugido era ensordecedor. El helado río primero nos aturdió, reviviéndonos después. Estuve a punto de gritar de alborozo, pero me detuvo el recuerdo de la admonición de Tantar de que debíamos mostrar respeto en todo momento. Nos salpicamos mutuamente a modo de ritual y nadamos hacia la cascada. Asiéndonos de los salientes de las rocas echamos las cabezas hacia atrás y con la boca abierta bebimos el agua pulverizada, cuidando de evitar la fuerza plena de la caída de agua.

Ya refrescados, nos paramos a la menguante luz solar del atardecer. La calidez penetraba, como si nosotros y la cascada, y toda la selva alrededor, compartiéramos las chispas de una flama eterna, cuya energía se originara en cada uno de nosotros, y al mismo tiempo formara parte de una unidad superior. Aun siendo invisible, era un vínculo omnipresente tan real, como la niebla que surgía de las aguas hasta alcanzar el arco iris y prolongarse hasta las nubes teñidas de anochecer.

—Tsúnkqui está ahí —dijo Tantar señalando hacia la poza donde habíamos nadado. Narró entonces la historia de la diosa del agua que monta en la concha de una tortuga gigante, y es custodiada por un muro de cocodrilos y anacondas.

—Nunca he pescado un pez que no necesitáramos para mitigar el hambre; ella nos protegerá —afirmó con plena confianza mostrándome una sonrisa.

Hasta que se efectuó este viaje, había conocido a Tantar sola-

FIGURA 6: Dioses y diosas shuaras

mente por su nombre cristiano, Pedro. Tenía veintitrés años, hablaba fluidamente el español, había terminado la escuela secundaria en la misión católica, y estaba —hasta donde había podido darme cuenta— totalmente dedicado al "nuevo estilo shuara" promovido por los sacerdotes de la misión. Durante las últimas ocho horas, había empezado a ver un ángulo diferente de Tantar.

Caminamos lentamente, alejándonos de la cascada por una vereda angosta y resbalosa que llevaba al cobertizo donde habríamos de pasar la noche

—Habla más sobre los dioses shuaras —le urgí.

Me dirigió una mirada fugaz. Por un largo rato permaneció callado, luego suspiró.

—Son de gran belleza —dijo al fin—, sobre todo las mujeres.

Seguimos caminando. Lo incité a que explicara más.

—Siempre me he preguntado —dijo— por qué los católicos no adoran a diosas. Para nosotros ellas son muy bellas y necesarias para mantener a los hombres en línea.

Señaló que los hombres shuaras siempre habían sido famosos por sus habilidades para pelear.

—Somos feroces. Pero nuestra ferocidad debe ser encauzada.

Me explicó que Núnkui era la diosa de las plantas, jardines y alimentos y que también inspiraba a las mujeres shuaras para controlar a sus hombres, prevenía conflictos inútiles, excesos de cacería y la tala de los bosques.

—Ninguna planta o árbol debería ser cortado si no es esencial hacerlo y nunca sin el permiso de Núnkui.

Le pregunté si los hombres y las mujeres shuaras eran considerados como iguales.

Me miró a los ojos y empezó a reírse por lo bajo. Haciendo forma de copas, se puso las manos sobre el pecho y se rió abiertamente.

—¡Iguales! —exclamó por fin—, no. —Entonces recobró su seriedad—. ¿Puedo tener yo un bebé? —preguntó—. ¿Puede usted? —Hizo una pausa mientras emergíamos a un acantilado rocoso con una vista espectacular de la cascada sagrada bañada en el resplandor rojo anaranjado de la puesta de sol ecuatorial—. Los hombres son fuertes como la cascada —dijo señalándola—. Las mujeres nutren a la Tierra. Ellas crean la vida. Son la puesta de sol que abraza a la cascada y la pone a dormir.

—¿Pero cuál es más importante?— Su rostro mostró sorpresa.

—No puede existir el uno sin el otro. —Empecé a darme cuenta de que mis preguntas no tenían el mismo sentido para él que para mí. Así que cambié mi enfoque y le pregunté si había alguna vez tensión entre los sexos, acaso alguna ambigüedad en los papeles que desempeñan. Explicó que el dios Jémpe se hace cargo de esos casos.

—Dondequiera que un hombre y una mujer estén juntos, Jempe está ahí para mantener el equilibrio. —Su vista se volvió hacia la cascada—. El equilibrio es la cosa más importante entre hombre y mujer, adultos y niños, gentes y plantas y animales. —Nuestra mirada se cruzó cuando repitió:

—Equilibrio.

Estábamos parados juntos observando el juego de cambiantes colores de la cascada. El bosque parecía estar despertando al retirarse el día. De todas partes llegaban sonidos de vida renovada: el grito de las aves, zumbidos de los insectos y a la distancia, el aullido de un mono.

—Etsáa nos deja ahora —dijo Tantar, indicando el punto donde el sol se había hundido atrás de los acantilados.

Se encaminó al borde de la roca y perdió su mirada en la distancia. Nuevamente estaba lleno de una sensación de calor, casi como si Tsúnkqui, Núnkui, Jémpe y Etsáa estuvieran rodeándome y radiando una energía física que penetraba profundamente en mí. Me dirigí hacia él.

De pronto, mis rodillas se doblaron. Quizás era simplemente que estaba exhausto. Temblando, traté de enfocar la vista en el cielo que obscurecía, traté de pensar sobre la puesta de sol en mi casa, en los Estados Unidos, traté de ponerme en contacto con la realidad que parecía tan lejana.

Percatándose de mi perplejidad, Tantar se apresuró a mi lado.

—Nuestros dioses son hermosos —dijo, y el sonido de su voz denotaba seguridad. Tocó mi brazo y nos sentamos juntos en una piedra. Mi vértigo pasó.

—Le gustará la historia de Etsáa —dijo. Me explicó que Etsáa una vez había pasado todo su tiempo con los shuara. Les había protegido de los evias, una tribu de feroces gigantes caníbales, cazando con su cerbatana y proveyendo de alimento a los evias para que no se comieran a los shuara. Entonces, a través de ardides, Etsáa había matado a algunos evias. Había soplado vida de nuevo, a través de su cerbatana, a todos los animales con que había alimentado a los evias. Tantar sonrió.

—Una vez más, el equilibrio fue restablecido. Después de eso, Etsáa había subido al cielo en una centella, y desde ahí cuidaba a los shuara durante el día.

—¿Y en la noche? —pregunté.

—Etsáa envió al dios Ayumpum, quien nos enseñó a hervir la ayahuasca para que podamos comunicarnos directamente con las plantas y animales. La ayahuasca es un regalo de Etsáa. Abre nuestros corazones, libera nuestras almas, nos ayuda a sentir nuestra unidad con las piedras, los animales, las plantas y uno con otro. De modo que nunca estamos solos, ni siquiera de noche. —Se paró y extendió sus brazos—. Todos estamos aquí.

La noche estaba seca, sin el menor signo de lluvia. Nos tendimos a la intemperie a pocos metros del cobertizo, rivalizando entre ambos para ver quien podía contar más estrellas fugaces. Podíamos oír la cascada. Estaba por preguntarle a Tantar si Tuntiak aún estaba ahí, cuando me di cuenta de que mi pregunta era tan tonta como la de la igualdad de sexos. Por supuesto que Tuntiak estaba siempre ahí, visible o no a los humanos.

—Tus dioses son bellos —dije en voz alta. Sentí su mirada

moverse del cielo hacia mí—. Sabes —continué—, yo creo que los católicos también tienen diosas, solamente que no se dan cuenta.

—Qué triste para ellos —dijo.

—De acuerdo. —Le escuché suspirar.

—Me agrada dormir con diosas —dijo—. Ellas me ayudan a tener sueños magníficos. —Se produjo una pausa prolongada—. Los sueños se tornan realidad.

Viendo de nuevo hacia el cielo, que estaba pleno de estrellas, pensé en Tsúnkqui y Núnkui. Si todos se quedaran dormidos pensando en ellos, el mundo sería un lugar distinto. Entonces se formó una imagen ante mí. Vi un aparato de televisión. Un desfile de anuncios relampagueó por la pantalla: automóviles, spray capilar, limpiadores de hornos, descongestivos, bebidas refrescantes, cosas obtenidas de minar la tierra, cosas que la gente de mi cultura ve antes de dormirse. Me pregunté por qué les habíamos entregado nuestros sueños a un puñado de voraces negociantes ejecutivos.

Me prometí que hablaría con Numi sobre esto. Quizás él podría ayudar a mi gente a recuperar el control de los sueños.

3

"Traer gente"

Tanto Numi como yo, teníamos hamacas. Nos mecíamos lentamente de un lado a otro cerca el fuego. Eran los primeros momentos de la tarde y el calor de la selva tropical resultaba sofocante, pero una choza shuara nunca está sin fuego. El espíritu estaba presente.

Nuestras hamacas tenían un extremo atado al poste central y el otro a postes de apoyo separados, en la pared exterior, como los rayos que salen del eje de una rueda. Para los shuara el poste central es mucho más que un apoyo estructural que sostiene el techo, pues representa el Árbol Cósmico, el Árbol de la Vida, conectando el mundo superior con los mundos intermedio y bajo. Es un punto sagrado que provee tanto una entrada para que los espíritus visiten este mundo, como una escalera para que nosotros viajemos a mundos paralelos. El fuego, próximo al poste central, es un atractivo adicional para los espíritus, quienes según las creencias shuaras, son atraídos por el fuego y por el humo. El fuego sirve también como un faro para ayudar a que los viajeros que psiconavegan, encuentren el camino a su casa. En determinadas ocasiones, tales como en el curso de festivales y funerales para hombres poderosos, el poste central desempeña un papel muy importante en los rituales.

La gente que duerme en hamacas que están atadas al Árbol Cósmico son propensas a recibir mensajes durante su sueño, mensajes que le son enviados directamente a ella por los seres que residen en los mundos superior e inferior. Nuestras cabezas, próxima una a la otra, estaban cerca del poste central, de modo que podíamos hablar sin levantar la voz. El fuego, crujiendo en el calor de la tarde, estaba preparado como se preparan siempre los fuegos de los shuara, en la unión de tres troncos gruesos que forman una Y. Un mono araña retozaba sobre nosotros, en las altas vigas del techo de palma.

Era el último día de esta visita y ya sentía prematuramente la fuerte nostalgia que iba a agobiarme cuando arribara al Aeropuerto Internacional de Miami, e iniciase mi viaje de regreso al corazón de mi cultura tecnológica. Sabía de la culpa que iba a sentir por los kilómetros de asfalto y concreto existentes, de la repugnancia de mí mismo inspirada por la cantidad masiva de carreteras y pasos a desnivel que han acabado con enormes terrenos de los Everglades* que habían sido construidos tan en mi beneficio, como en el de cualquier otro, empleando además el dinero de mis impuestos. No era posible prepararme para eso, pero una sabrosa charla con Numi me ayudó a disipar algo de mi ansiedad.

Hablamos sobre la buena fortuna de la que había disfrutado durante mi vida, y de sueños que se habían realizado. Le conté a Nimu de"Vereda al Norte", de la señora Simpson, y de la fotografía del hombre con el arco y la flecha. Hice recuerdos de mis días como consultor internacional. Me dirigió preguntas sobre Irán e Indonesia. Parecía más interesado en los beduinos del desierto, que en los habitantes de las selvas de Borneo, Papúa y Nueva Guinea.

Le describí el terror que senti cuando parecía que la compañía de energía alterna que había fundado iba a quebrar y la alegría que me invadió cuando en vez de suceder eso, completamos nuestro primer proyecto multimillonario. Enfaticé el papel que el proyec-

---

* N.del T.: Gran área pantanosa ubicada en el sur de Florida.

to había representado en la limpieza de la lluvia ácida.

—Ahora —le dije—, la he vendido.

Me tendió la mano a través del espacio entre las dos hamacas, y estrechando la mía, me felicitó.

—Ya está libre de todo eso —dijo sonriendo y compartiendo mi obvio entusiasmo.

—Sí —convine—, y aquí estoy. He venido a casa. ¿Qué puedo hacer para salvar estos hermosos bosques?

Dudó durante unos instantes. Su mano se aferró a la orilla de la hamaca; el ritmo de su balanceo disminuyó.

—¿Qué quiere hacer? —Su balanceo cesó del todo.

Tomando pie en conversaciones anteriores, mencioné la dependencia de los shuara de lo que ellos llaman la vaca maligna.

—Tu gente aborrece limpiar la selva para crear pastizales que alimenten al ganado. Quizás yo pueda encontrar una alternativa. Las granjas de iguanas han tenido éxito en Panamá y Colombia. Las iguanas viven en el bosque alimentándose de plantas. —Él guardaba silencio—. O acaso podría yo explorar la posibilidad de secar frutas para exportación. O hierbas medicinales. —Reanudó su balanceo.

—¿Quiénes nos animaron a empezar a criar ganado? —preguntó.

—Los misioneros.

—Sí, y las leyes de colonización del gobierno le dan título de propiedad a quienes talan árboles y crean granjas. ¿Sabe de dónde salieron esas leyes?

Claro que yo lo sabía. Habían sido fraguadas calcando la Homestead Act* norteamericana de finales del siglo pasado, y así se lo dije.

Sentí penetrar en mí la culpabilidad y asentarse como un bulto, cerca del corazón.

---

* N.del T.: El Homestead Act, puesto en vigor en 1862 en los Estados Unidos, era una legislación para fomentar la colonización, que daba en propiedad hasta 160 acres, y que en algunos Estados contemplaba incluso la excención de impuestos.

—Así es —dijo—. Y más colonos vinieron debido a las carreteras que construyen sus compañías petroleras, madereras y mineras.

Se echó hacia atrás y dirigió la mirada al techo. Mis ojos siguieron a los suyos hacia donde el mono estaba trepado masticando lo que parecía ser un trozo de caña de azúcar.

—Si quiere ayudarnos —dijo con deliberada lentitud—, si quiere ayudar a estos bosques, entonces debería empezar con su propia gente. Es su gente, más que la mía, la que necesita cambiar.

Yo sabía que tenía razón y sabía también que desde tiempo atrás estaba consciente de lo que él, ahora, había puesto en palabras.

—Comprendo lo que dices —le aseguré y le pregunté si él podría ayudarme.

Su respuesta me impactó. Me retrotrajo a una conversación con tres guías de turistas franceses en un restaurante de Quito, ocurrida la noche anterior de que volara al Amazonas. Yo había alegado vehementemente en contra de traer forasteros a la selva, favoreciendo la idea de dejar que los shuara siguieran aislados. Ellos, en cambio, opinaban que el bosque es un gran salón de clase que debe de ser compartido.

—Traiga gente —exclamó—. Traiga su gente a nosotros. Aquí podemos ayudar a cambiar ese sueño que ustedes tienen de enormes fábricas, edificios altísimos y más automóviles que arenas hay en el mar.

No podía yo dar crédito a lo que escuchaba.

—¿Quieres que vengan aquí turistas?

—No. —Sonrió gentilmente—. Turistas no, Juan. Traiga a gentes que quieran aprender. —Puso énfasis en estas últimas palabras y luego las repitió, añadiendo que los shuara tienen mucho que enseñar sobre la forma en que el mundo es soñado, y que la gente de los Estados Unidos, y de otros países del norte, tienen muchísimo que aprender. Siguió adelante explicando que la gente de fuera ha estado tratando de cambiar a los shuara durante siglos.

—Nos han dicho que nuestro idioma era malo, que debíamos aprender español y ahora inglés y alemán. Que nuestra religión era errónea, que debemos convertirnos al cristianismo. —Al decir esto se persignó—. Que nuestro modo de vida era primitivo, que debíamos talar los bosques y criar ganado. El mensaje que nuestros jóvenes reciben de los extranjeros es que lo que hacen los shuara no está bien.

Con mucha elocuencia se refirió también a que las personas que vinieran a aprender, asu vez ayudarían a los shuara a mantener su sueño.

—Nuestra gente joven comprenderá —dijo— que la forma de ser shuara es la mejor y verdadera forma de ser.

Giró en su hamaca y me clavó la vista.

—Usted y yo —dijo— sabemos que la Madre Tierra sobrevivirá. Pero si las gentes que se llaman a sí mismas "civilizadas" continúan soñando sus voraces sueños, la Madre Tierra se sacudirá de nosotros como si fuésemos moscas. Muchos otros animales y plantas se irán con nosotros. Muchos ya se han ido. Debemos tratar de cambiar eso. El sueño de su gente, debe cambiar. —Se acomodó de nuevo en la hamaca y reinició su balanceo.

Nos quedamos recostados ahí en silencio, cada uno perdido en sus propios pensamientos. El fuego chisporroteó. Cerré los ojos por un momento. Cuando los abrí, el mono había desaparecido. Lo busqué con la mirada, pero no había señal de él.

—¿Qué clase de gente, don Alberto?

Tomó su tiempo para responderme.

—Eso usted ha de decidirlo —dijo por fin—. Se trata de su gente. Usted ha sido educado en la misma forma que ellos.

Guardó silencio y yo pensé en las horas que había gastado en salones de clase sin sol, en las interminables discusiones teóricas y en la sociedad que había generado este enfoque de la educación. Ante mis ojos bailotearon visiones de aire impuro, ríos contaminados y bosques devastados, todo en nombre del progreso.

—Somos solamente el cinco por ciento de la población mundial y consumimos más del treinta por ciento de muchos de los recursos más preciosos de la Madre Tierra —dije.

Su hamaca empezó a moverse otra vez, pero no hizo comentario alguno. Yo pensé en el niño shuara que después de cortarse con un machete dos días antes, había penetrado a la selva con su padre a juntar hojas para una cataplasma. Esta misma mañana había examinado la herida: había cicatrizado perfectamente sin asomo de infección. Ese niño lo pensaría dos veces antes de destruir una planta. Qué distinto de la forma en que yo había sido tratado cuando, más o menos a la misma edad, me había cortado con una navaja. A la fecha, no sé de dónde vienen la mayoría de las medicinas que uso.

—Traeré gente —dije.

—Qué bueno. —Se levantó lentamente de la hamaca y me dio una palmada en la rodilla—. Pero solamente aquellos que quieran aprender. —Caminó hacia el fuego y atisbó hacia las pavesas.

—Vamos ya —dijo—. Vamos a pescar algo para la cena.

Segunda parte

Manco

Manco estaba sentado y muy quieto. Siendo un hombre viejo, se sentía seguro como un bebé bañado al calor de Inti, el sol poniente. Observaba la capa de oro de Inti extenderse suavemente a través de la montaña sagrada, hacia el oeste. Pronto estaría obscuro. Su trabajo, iba a comenzar.

Había seleccionado cuidadosamente este sitio, pues Sinchi le había dicho que necesitaría todo el poder que Pachamama, la Madre Tierra, pudiera darle. El recuerdo de Sinchi trajo una sonrisa a su arrugado rostro. Ahora él, Manco, era un anciano. Parecía apenas ayer que había hecho su carrera y entrado a la orgullosa categoría de los quipu camayocs. En poco tiempo, él lo sabía, habría de seguir una vez más los pasos de Sinchi. Pero por ahora, era suficiente que buscara el consejo de su maestro y acaso un obsequio de poder.

Escuchó al viento silbar entre los árboles y absorbió la energía que era generada por las dos montañas, abuelo Imbabura al frente y abuela Cotocachi detrás. Sintió el amor que lo rodeaba filtrándose por su cuerpo. La energía de las montañas estaba equilibrada, masculino y femenino. Necesitaría de ambos. Cerró los ojos. Volaría como un águila, en la forma en que Sinchi le había enseñado.

Poco a poco la energía empezó a levantarlo. El viento cantaba mientras pasaba entre las plumas de sus alas. Se elevó más y más alto. Se sintió regocijado. Dando gracias a ambos Inti y su maestro, miró hacia abajo la tierra que tanto amaba.

Su aldea era pequeña. Se convirtió en un puntito y luego desapareció entre las montañas. Las sagradas montañas, las que eran parte de él, parte del sueño de sus antepasados. Planeó muy por arriba de ellas, hacia Inti.

Sinchi emergió del sol. Aunque su aparición no era inesperada, su presencia siempre resultaba maravillosa, un acontecimiento de gran poder que tomó a Manco por sorpresa. Sinchi llevaba su bastón de mando de oro y lo ondeaba ante él. Su energía, como la de Inti, irradiaba a través de Manco.

Súbitamente Sinchi estaba junto a él. Manco podía oler su aroma familiar y sentir su respiración. Sinchi sostenía en la mano una bolsita de cuero.

—Un nuevo nacimiento —dijo Sinchi arrojando la bolsita en la mano de Manco—. Eres padre y madre.

Manco hizo una reverencia y tomó la bolsita. Dio las gracias a su maestro, el que de nuevo, se convirtió en águila.

Retornó al lugar entre abuela Cotocachi y abuelo Imbabura y se sentó a ver los últimos rayos de Inti desaparecer en la bruma púrpura de la entrante noche.

Al poco tiempo escuchó un sonido que le recordó a un jaguar gruñendo. Profundo y gutural, lo retrotrajo a la época en que siendo un hombre joven, había acompañado a Sinchi en un viaje largo y difícil a la selva amazónica, para pasar un mes trabajando con los chamanes shuaras. Una noche, estando en trance de ayahuasca, se había encontrado cara a cara con una enorme hembra jaguar. El animal había bajado al sendero dando un salto desde un árbol bloqueándole el paso. Se habían estado ahí viéndose fijamente a los ojos uno al otro.

El gruñido escuchado no se había parecido a ningún otro sonido que hubiese oído antes. Lo había congelado hasta los huesos y había silenciado a las aves, animales y hasta a los insectos, como si toda criatura viviente se hubiese detenido en su camino, o huido a esconderse en una cueva obscura, bajo un tronco, o en cualquier resguardo que pudiese encontrar. El gruñido lo había aterrorizado y lo mantenía hechizado, prisionero de él y del increíble animal al frente.

Se habían confrontado durante un tiempo que pareció una eternidad. Entonces el jaguar había pateado el aire con sus enormes patas delanteras y saltado nuevamente al árbol. Manco había regresado rápidamente a la choza del chamán y se le dijo que la visita del jaguar era una señal; él ya estaba listo para convertirse en un poderoso curandero, no solamente de cuerpos, sino también de almas, y lo que era más importante, habría de ser un restaurador del equilibrio entre el mundo de los espíritus, el de la naturaleza y el de las personas.

Ahora, acababa de oír de nuevo aquel gruñido. Cerró los ojos y en su mente observó el sitio tras las montañas, donde Inti se había puesto y vio un autobús —más grande que ningún otro que hubiese visto— dirigiéndose hacia su casa. A poco se detuvo ante aquella construcción de paredes de adobe y techo de paja que él y su familia habían entretejido. Era una cosa de otro mundo que gruñía como un gato montés, y él sabía que las personas que llegaban a bordo, y que habían viajado desde ese otro mundo, habían venido a aprender de él como él a su vez había aprendido del jaguar. Se abrió la puerta; como un viejo escudo español, recibió el último rayo de la corona de Inti, y reflejó un sendero de brillante luz montaña abajo, hasta el punto donde Manco se encontraba.

Una mujer bajó del autobús. Después un hombre. Les siguió lo que parecía ser un desfile de gigantes, llevando estuches de cuero y cámaras. Manco había visto gringos antes, pero nunca tantos juntos. Los estudió con todo el cuidado de un experimentado quipu camayoc, enviándole su espíritu a cada uno para que esto le ayudara a entender mejor cómo podría ayudarlos a lograr su curación. Sintió su energía y entendió por qué habían venido.

Manco abrió los ojos y lentamente se puso de pie. Sobre él, las estrellas brillaban con feroz intensidad. Hizo una caravana en dirección del dormido Inti y dando vuelta, se encaminó colina arriba hacia su casa. Tenía mucho que hacer antes de que la llegada se materializara. Pero mientras subía por el airoso sendero, su mente no estaba con ellos, sino que pensaba en su propio maestro, la bolsita de cuero y las palabras. El sería las dos cosas, madre y padre en el nuevo nacimiento.

4
Preparación

La visión de búsqueda es un viaje espiritual a la sabiduría, que ha sido practicado por la gente desde los tiempos más remotos. Las visiones o revelaciones resultantes, se encuentran registradas en pinturas rupestres, así como descritas en las tradiciones orales de culturas a través de todo el mundo. Los nativos norteamericanos, creían que los animales tenían visiones de búsqueda cuando hibernaban durante los largos meses del invierno. Los cuarenta días de Cristo en el desierto fue una visión de búsqueda. Muchas de las oraciones, meditaciones y rituales empleados por las religiones del mundo, tuvieron su desarrollo como vehículos para visiones de búsqueda.

Antes de mi plática con Numi le había dedicado gran cantidad de tiempo al estudio de los viajes de los chamanes, a las visiones de búsqueda en sus muchas variaciones y a sus aplicaciones modernas. Comprendí que lo que Numi tenía en mente, era una visión de búsqueda para norteamericanos contemporáneos. Nosotros y los otros "modernos" de este planeta, somos quizás las primeras gentes en la historia que no practicamos alguna forma de visión de búsqueda como parte regular de nuestro proceso educativo. Numi quería ver que esto se modificara.

Sin embargo, su requerimiento creó en mí un conflicto personal. Llevar norteamericanos al bosque se contraponía a mi creencia de que los shuara, guaranís, las tribus de la Baja Quechua y otras gentes, debían de ser dejadas en paz.

Luché con este dilema durante varios meses. Pedí consejo a amigos que compartían muchas de mis preocupaciones, pero que también me ayudaron a entender que las gentes de los bosques ya no podían vivir aisladas y que, a no ser que nosotros los norteños cambiáramos nuestra visión, los bosques estarían sentenciados. Si desaparecen las selvas, señalaron mis amigos, las culturas de los shuara y de sus vecinos, no tendrán esperanzas de sobrevivir. Con los bosques intactos, esas gentes tendrán, cuando menos, varias opciones. Quedé convencido de que para preservar los bosques era esencial cambiar la conciencia de mi propia gente y que la visión de búsqueda podría quizás jugar un papel muy importante en tal proceso. En cualquier caso yo me había comprometido a cumplir la promesa que le había hecho a Numi.

También soñé repetidamente con el viejo chamán Otavalán llamado Manco, que vivía en los Andes. El estaba en una visión de búsqueda y en mi sueño se transformaba en águila. Parecía hacerme señas, como si quisiera que me le acercara. Recordé que cuando era estudiante en Middlebury, había sido perseguido por el sueño de un niño indio corriendo a través de montañas. Los dos sueños, yo lo sabía, estaban conectados.

Finalmente, tras meditarlo mucho, decidí llevar un grupo a visitar a Numi. Pero esta decisión creó otra incertidumbre.

¿Cómo iba yo a responder a su solicitud de que llevara solamente gente que quisiera aprender? ¿Quién iba a decidir eso? Afortunadamente encontré ayuda en dos fuentes: un viejo amigo del colegio y una organización dedicada también a compartir la sabiduría de los indígenas con los países "desarrollados" del norte.

Gary Margolis era mucho más que un profesor asociado de inglés. Era también un poeta brillante con un profundo interés filosófico , así como artístico, en el efecto que tiene el lenguaje en la actitud de las personas respecto a la cultura y al medio ambiente. Quizás más importante aún, era un psicólogo que encabezaba los servicios de asesoría del Colegio Middlebury. Además había sido mi compañero de clase. Gary y yo no nos habíamos visto, ni oído uno del otro, durante veinticinco años. Entonces un día, no mucho después de haberse publicado *The Stress-Free Habit*, Gary me habló por teléfono.

—¡Vaya, hombre, un destripado de Middlebury escribiendo un libro tan maravilloso! —exclamó. Hablamos ampliamente y me hizo muchas preguntas sobre las culturas de las que había aprendido técnicas para manejar el estrés. Concretamente, inquirió sobre las dificultades inherentes a un viaje al Ecuador.

—Son tres horas y media en avión desde Miami.

—Tan cerca —murmuró—, y sin embargo tan lejos. En verdad un mundo diferente, una realidad separada.

Ese verano, durante un viaje para visitar a mis padres en New Hampshire, pasé a Middlebury. Gary y yo pasamos varias horas juntos. Le di un ejemplar de *Psiconavegación*, libro que acababa de publicarse.

Varias semanas más tarde me telefoneó.

—¿En verdad es tan bonito? —me preguntó, refiriéndose a Ecuador.

—Las palabras no pueden describirlo —le dije.

—Creo que debería ir —dijo.

Meses después me llamó de nuevo para decirme que estaba considerando solicitar una beca para estudiar la influencia que tiene el lenguaje en el comportamiento.

—Me gustaría ir a Ecuador a visitar a algunos de tus amigos, Juan, los quechuas y los shuara.

Casi en broma, no creyendo realmente que sucediera alguna vez, le prometí que cuando lo hiciera, yo iría con él para guiarlo.

Gary recibió por fin su beca. Al principio me sentí un tanto consternado ante el prospecto de llevarlo a Ecuador. Pero luego, su entusiasmo me calmó, pues me llamó un mañana que había despertado especialmente preocupado por mi compromiso de llevarles a los shuara solamente gente que quisiera aprender. Según hablábamos, el entusiasmo de Gary me animaba. Me ayudó a apreciar la situación privilegiada en que me encontraba, y a reconocerla como lo que realmente era: un honor más que una obligación, una oportunidad y un reto, no una carga que hay que procurar evadir.

Charlamos sobre mi situación, y al hacerlo , me di cuenta de que estaba tratando con una personalidad poco común. Gary era un amigo, poeta, catedrático y curandero profesional, que estaba entrenado para escuchar a gente con problemas como los míos.

Aquella mañana era su faceta de maestro la que se mostraba más brillante. Sugirió que la beca fuese usada algo así como un trampolín.

—Llamaré a varios amigos —me dijo—, gente que no sólo quiere aprender, sino que cuando regrese usará sus nuevos conocimientos para enseñar a otros. —Me aseguró que durante su próxima vacación de verano, podría reunir un grupo a tiempo para el viaje.

Mi mente estaba con Gary mientras me encontraba sentado en un salón de conferencias, mirando por la ventana un bosque de pinos. Acababa de confirmarme por teléfono que un total de cinco psicólogos y doctores formarían el grupo, gentes que no solamente querían aprender de los chamanes, sino que, además, estaban en posición de ayudar a otros.

Ecuador parecía estar lejísimos del retiro en el que estaba, al norte de California, donde asistía a una reunión de la mesa directiva de una organización llamada Katalysis: Desarrollo de Asociados Norte/Sur. La presidenta de nuestro Asociado hondureño estaba hablando en español. Por encima de su voz, podía escuchar al viento en los pinos. El hermoso sonido, como un cántico del reino de las plantas, me transportó hasta aquellos otros gigantes, de los bosques amazónicos, y recapacité en que Ecuador no estaba tan lejos después de todo, ya que yo estaría de vuelta en los Andes y el Amazonas en sólo dos meses.

Pensé en las personas que integrarían el grupo de Gary y en su capacidad para aprender de los chamanes. El viaje duraría solamente ocho días. ¿Se irían a sentir abrumados? Tres se especializaban en rehabilitación de droga y de alcohol. ¿Cómo irían a reaccionar ante las plantas psicotrópicas, como la ayahuasca, que los shuara seguramente les ofrecerían?

La presidenta de la organización hondureña terminó su conferencia con el anuncio de que seguiría un intervalo para tomar café. Salí de prisa.

Mientras vagaba entre los pinos, observé las similitudes entre ellos y los árboles tropicales de altas copas. Ambos luchaban denodadamente por alcanzar el sol; los que lo lograban eran altos, derechos y elegantes, herencia del poder de la semilla y la perseverancia.

Vi una figura solitaria parada bajo uno de aquellos árboles, y la reconocí; era Candelaria, la mujer que encabezaba una cooperativa Maya en Guatemala. Era una dama bellísima a quien había conocido durante la cena la noche anterior. Entonces, como ahora, lucía la tradicional blusa bordada y falda larga de su gente. Volteó hacia mí. Al hacerlo, se escuchó tañer una campana en la distancia llamándonos a continuar con la reunión.

—Precioso lugar —dijo acercándose.

Le pregunté si había estado antes en California.

—No —respondió sonriendo. Me dijo que era la primera vez que viajaba fuera de Guatemala. Caminamos en silencio. El viento cantaba en los altos árboles. Le pregunté qué le parecían los Estados Unidos.

—Toda mi vida —dijo— he oído hablar de su país. —Hizo una pausa de varios minutos como si se hubiese perdido en la contemplación—. Es muy diferente —dijo por fin— de lo que yo esperaba.

—¿En qué forma?

Comentó que los edificios eran más grandes, las tiendas más opulentas, que había muchos más automóviles y mayor riqueza material de la que ella pudiera haber imaginado. Luego me miró en forma extraña.

—Pero falta algo —dijo con una rara sonrisa.

Cuando la presioné en busca de más detalles, tuvo dificultad para describir lo que faltaba.

—Un sentimiento —añadiendo—: no sé exactamente, pero me encuentro planteándome a mí misma interrogantes como: ¿dónde están los rostros sonrientes? ¿Dónde están los niños que ríen mientras trabajan lado a lado con su padre y su madre?

—Con toda esta riqueza —la apoyé—, era de esperarse ver más felicidad. —Ella hizo una señal afirmativa con la cabeza, y después de reflexionar un momento, aseveró:

—Sin embargo, esta riqueza que tienen ustedes aquí, es sólo una ilusión. Mi gente tiene un dicho de que la valía de una persona se mide no por la cantidad de maíz en sus campos, sino por el brillo del sol en su corazón. La verdadera riqueza nada tiene que ver con edificios, tiendas y automóviles. —Se nos unieron varios miembros más de la mesa directiva y juntos retornamos todos a la sala de conferencias.

Se trataba de un grupo numeroso, representantes de las mesas directivas de cinco organizaciones no lucrativas —dos organizaciones de Guatemala, una de Honduras, una de Belice y una de los Estados Unidos— todas juntas en una estrecha asociación para ayudar a la gente de bajos ingresos a obtener autosuficiencia económica a través de medios provenientes del ambiente. Yo era uno de los miembros de más reciente ingreso, siendo ésta, apenas, mi segunda reunión de mesa directiva y me encontraba muy impresionado por la unidad de filosofía y propósitos que había visto hasta el momento. El único asunto molesto, parecía ser justamente el que nos estaba absorbiendo la mayor parte del tiempo esa mañana.

A los socios centroamericanos les preocupaba que el socio norteamericano no tuviese clientes americanos. Como dijo uno de los beliceños:

—Ustedes nos sirven con mucha efectividad, proveyendo de servicios gerenciales, asesoría y con su capacidad para reunir fondos; pero hasta que nos presenten formas en que nosotros podamos ayudar a su gente —para que los sureños podamos asistir a nuestros hermanos y hermanas del norte— no serán un verdadero socio.

El concepto de que el proceso de desarrollo era un puente de dos sentidos, resultaba relativamente novedoso. El asunto de qué asistencia podrían los sureños ofrecer a los del norte, generó vivas discusiones. Había pocos precedentes de este tipo de debates y continuamente nos atorábamos en consideraciones filosóficas que —pensé— reflejaban tanto inclinaciones individuales, como arrogancia norteña. Empezó a parecer que la discusión se llevaría todo el día, estorbando el seguimiento adelante de nuestra agenda en un espíritu de compañerismo.

Entonces Candelaria pidió la palabra. Esta era su primera reunión; era más novata que lo que era yo. Empezó por presentarse como representante de una cooperativa compuesta por 280 grupos mayas.

—Nosotros los mayas sabemos una verdad básica. —Sostuvo en alto tres dedos y describió cómo toda la vida descansa en tres pilares: mineral, planta, animal—. Todos son iguales, todos tienen espíritu. Todos son uno. —Enfatizó que los humanos somos meramente una pequeña parte de uno de tales pilares. Sus palabras, su sola presencia, dejaron bien claro que desde su punto de vista, nuestras especies no poseían ninguna posición destacada; no estábamos entronizados en la cúspide de alguna pirámide jerárquica. Entonces levantó su otra mano sobre los tres dedos y dibujó en el aire un arco imaginario.

—Sobre todo —dijo— está el universo. Y debajo —hizo descender su mano hasta formar un tercer plano debajo de la otra— está la Madre Tierra. Respiró y recorrió el salón con la mirada.

Observé, uno por uno, los rostros de mis colegas miembros de la mesa directiva, en especial los de los norteamericanos. La atención de todos estaba fija en Candelaria. Mis ojos se encontraron con los suyos y creí detectar un guiño.

—La Madre Tierra es sagrada —dijo—, como lo son cada uno de los pilares y lo es el universo. Nosotros los humanos debemos de proteger siempre lo que es sagrado—. Hizo una pausa mirando fijamente sus propias manos. Luego sus ojos volvieron a viajar por el salón.

—Quizás sea por eso por lo que estamos aquí. Acaso sea esa la verdad básica que nosotros, los del sur, debamos de enseñarles a ustedes acá en el norte.

Cuando tomó asiento, nadie habló. En ese momento me di cuenta de que no debía de preocuparme por cómo reaccionaría el grupo armado por Gary ante los shuara; el mensaje, por sí mismo, se haría cargo de eso. Todo lo que necesitaba hacer era llevar gente allá, para hacer posible que más de mi gente —los norteños— entraran en contacto con las Candelarias y los Numis del mundo.

La exposición de Candelaria tuvo efectos transformadores. Aparte del efecto que tuvo en individuos como yo, se convirtió en un nuevo modo de ver al mundo por Katalysis. Habíamos estado involucrados en el desarrollo de centros de entrenamiento en América Central, para enseñar a los campesinos locales técnicas más eficientes para granjas, basadas en enfoques orgánicos sostenibles. A continuación de las apasionadas observaciones de Candelaria, alguien sugirió que los centros de entrenamiento incluyeran un sitio donde turistas de los Estados Unidos y de otros países, pudieran aprender sobre granjas sostenibles por el medio. Esta propuesta se extendió de inmediato a un concepto que incluía enseñarle a los turistas sobre chamanismo, mitología, energía renovable y medicina holística.

Durante el período de un año, Katalysis solicitaría un apoyo de dos y medio millones de dólares para desarrollar centros de entrenamiento no sólo en Centroamérica, sino también —sobre todo— en Ecuador. Un elemento clave de estos centros, sería un lugar donde los norteños pudieran aprender de los sureños (básicamente indígenas) sobre la Madre Tierra, sobre la unidad de todas las cosas, sobre el carácter sagrado de los tres pilares y sobre soñar un nuevo sueño.

Durante ese mismo período yo llevaría tres grupos a los Andes y al Amazonas, con un total de treinta y cinco personas. Empezaría con el viaje de Gary y luego me extendería. En el lapso de un año y medio, incluiría un programa para doce estudiantes que pasarían cinco semanas estudiando entre los quechuas y los shuara para obtener nueve créditos escolares y adquirir ciertos conocimientos nunca impartidos antes por ningún centro norteamericano de enseñanza. Para la totalidad de las cuarenta y siete personas, habría de ser una experiencia capaz de transformarlas.

5
A Ecuador

No me tomó mucho tiempo comprender que las personas que se me unieron en los viajes, iban a experimentar algo que cambiaría al revés sus percepciones de la vida. Viajar de los Estados Unidos a los altos Andes y al profundo Amazonas para trabajar con chamanes, era un viaje no sólo a través del espacio, sino también a otros mundos y tiempos, así como una profunda excursión dentro del alma de cada individuo; era una aventura de autodescubrimiento, un reto para remodelar el modo propio de pensar, sentir y vivir.

Los volcanes mismos, los indígenas y sus aldeas, los bosques, están tan distantes de las vidas a las que estamos acostumbrados que, a veces, parecen irreales o cuando menos, ajenos al mundo en el que vivimos los norteños. Palabras tales como *imponente*, *magnífico*, e incluso *sagrado*, resultan inadecuadas para describir los lugares y las reacciones de los viajeros ante ellos.

Conociendo la importancia de preparar a la gente para estas experiencias, las animé a asistir primero a uno de mis talleres de trabajo. Luego hice obligatoria su asistencia y participación en otro taller de trabajo en el Aeropuerto Internacional de Miami antes de despegar. Durante nuestra estancia en Ecuador, trabajamos juntos como grupo en equipos pequeños, e individualmente; sostuvimos discusiones, psiconavegamos y practicamos varias formas chamánicas de viajar y de curar. Mi objetivo era siempre el mismo: hacer que los participantes experimentaran una unidad con todas la cosas. Quería que ellos no sólo hablaran de la unidad de todas las cosas, sino que la sintieran profundamente en su corazón con tal intensidad que cambiara sus sueños para siempre. Confiaba en que cuando regresaran a casa, continuarían conscientes de su absoluta unidad con aquellas montañas, selvas, gentes, plantas, animales y minerales, y que sabrían que todo aquello con lo que entraron en contacto sentiría lo mismo en relación a ellos. Cada cosa y cada persona, esperaba yo, estaría más en armonía con lo sagrado que nos rodea y habita en nosotros.

En las próximas páginas he procurado transmitir algo de ese sentimiento, he tratado, no tanto de describir lo que pasó y lo que fue dicho, como capturar la intensidad y sensualidad de estas experiencias.

—Vivimos en mundos paralelos —le dije al grupo de hombres y mujeres que me iba a acompañar en este viaje al Ecuador. Nos sentamos en círculo en el alfombrado piso del hotel del Aeropuerto de Miami.

—Eso lo verán ustedes claramente , una vez que lleguemos a los Andes. La mayoría de los turistas visitan solamente un mundo. Ven la pobreza material de los indígenas, las casas de adobe, los pisos de tierra, la falta de automóviles, excusados, electricidad y todas nuestras otras comodidades modernas. Dependiendo de la calidad de la excursión y de sus guías, puede ser que le echen una ojeada a la unión que esta gente comparte con Pachamama, la Madre Tierra; pero no llegan a ver los mundos paralelos. No adquieren una noción de la intensa espiritualidad de la gente que habla quechua, o sea, los cotopaxi, colorado, cañarí, otavalán y las comunidades salasacán, o de las tribus amazónicas, como los shuara, guaranís y quechuas de tierra baja. No vienen a entender que Pachamama lo es todo y que estas gentes son, en muchas formas, mucho más ricas de lo que somos nosotros.

Les expliqué que el quechua era el lenguaje de los incas, que las personas que habitan desde el sur de Colombia hasta el norte de Chile usan diversos dialectos del mismo y que es el quechua y no el español, el idioma dominante en Ecuador, Perú y partes de Bolivia.

—Los quechua parlantes —afirmé— representan múltiples culturas que fueron conquistadas e incorporadas al Imperio Inca. Muchas han conservado hasta la fecha sus antiguas tradiciones. No ven al tiempo y al espacio en la misma forma en que los vemos nosotros. Ellos creen que todas las cosas que han ocurrido o que ocurrirán —en nuestra opinión— siguen ocurriendo aún. Todo se mueve a la par en paralelo.

No obstante que los hombres y mujeres del grupo habían sido educados en distintas filosofías, todos parecían entender y aceptar este nuevo concepto.

—Los chamanes con los que trabajaremos son capaces de acceder a estos mundos paralelos para obtener conocimientos. Pueden emplear lo que aprenden para diagnosticar enfermedades, para curar, o para causar cambios.

—Ellos psiconavegan —comentó alguien.

—Ese término —expliqué, sin poder evitar reír entre dientes— se ha hecho muy popular últimamente. Por definición, *psiconavegar* significa "viajar mediante la psique a un sitio donde se necesita estar". La palabra *psique* puede substituirse por *subconsciente*, el *inconsciente colectivo* de Jung, o *mundos paralelos*. Y un sitio donde se necesita estar puede ser un lugar físico, tal como un lugar de asentamiento humano si se es nómada. O puede ser un lugar en el que se encuentren respuestas, un estado emocional, intelectual o psicológico, el tipo de lugar o región a donde viajan los artistas, poetas e inventores.

—¿Qué significa "viajar"? —interrogó una señora.

Le aclaré que en mi experiencia existían infinita variedad de maneras de viajar.

—Realmente es cuestión de traer hasta nosotros esas otras regiones, los mundos paralelos. Algunas culturas, como la shuara, usan plantas psicotrópicas; otras se apoyan en tambores, humo, vigilias, bailes ceremoniales, oración o meditación. Yo pienso, realmente, que lo más importante es la intención.

—Entonces, cualquiera puede ser chamán —comentó otra persona.

A guisa de respuesta a ese comentario, les conté de mi amigo Raúl, un ecuatoriano que nos recibiría esa tarde en el aeropuerto de Quito, y nos acompañaría durante nuestros viajes a través de su país.

—Raúl se educó en escuelas norteamericanas y estudió chamanismo entre muchos quechua parlantes, así como con los shuara. Él está convencido que la única forma de restaurar el equilibrio entre el género humano y la naturaleza, es que nosotros, en el norte, abracemos el chamanismo. Todos debemos reconocer el tremendo poder existente dentro de nosotros y emplearlo en formas positivas.

—Pero todavía no entiendo cómo funciona —espetó otro miembro del grupo—. Desde un punto de vista científico, ¿cómo explica y verifica este asunto de viajar a mundos paralelos?

Respondí tratando de describir mis propias experiencias de psiconavegación, y luego de hacerlo, añadí:

—Cuando yo viajo, realmente estoy ahí. Yo siento, huelo, oigo, incluso saboreo, y por supuesto, veo, el lugar al que voy. Sé que puedo cortar en cualquier momento y volver a este mundo, pero mientras estoy ahí, estoy verdaderamente ahí, con todos mis sentidos. En mi opinión esa es una prueba fehaciente. Los científicos se apoyan en sus sentidos para substanciar los resultados de sus experimentos. Los chamanes hacen lo mismo.

Hice un sumario de algunos de los muchos "milagros", que varios médicos y yo habíamos presenciado, como los casos, en viajes anteriores, de personas curadas por chamanes de dolores de espalda, tumores, síndrome de fatiga crónica, desórdenes intestinales y migraña, así como obsesiones y otros problemas de orden psicológico. Admití, por otra parte, que nunca había encontrado explicaciones completamente satisfactorias de cómo funciona esto.

—Existen muchas teorías —les dije— que van desde la del quantum físico, donde la curación es atribuida al efecto observador y patrones de vibración sub atómicos, hasta la idea, basada más en la biología, según la cual la curación está conectada a la memoria celular y DNA.

—Creo que eso no es muy distinto de la medicina moderna —dijo otro viajero—. Nosotros tomamos montones de píldoras y drogas porque parecen funcionar. Sin embargo, no tenemos ninguna explicación de cómo o por qué nos curan.

—A mí me suena a ciencia ficción —afirmó otra dama—. Viajar en el tiempo. Es como si dijera que los chamanes tienen la capacidad de viajar para atrás hacia el pasado, y para adelante hacia el futuro.

Expliqué mi propia teoría, que era un viaje no tanto hacia adelante o hacia atrás, sino más bien a otro acontecimiento simultáneo.

—Todo está pasando en este momento. Para el chamán no existe más tiempo que el presente.

Un hombre barbado que nos había estado observando a todos muy de cerca, pero que había permanecido en silencio hasta el momento, aclaró la garganta.

—Einstein —dijo lentamente— predijo esto. Él teorizó que si nos fuese posible viajar más de prisa que la velocidad de la luz, podríamos observar el pasado y el futuro ocurriendo concurrentemente con el presente.

—Sabemos que si viviésemos en un planeta a cien años luz de distancia —indicó una señora— y tuviésemos un telescopio suficientemente poderoso, podríamos observar a nuestros bisabuelos en la década de 1890. —Paseó la mirada entre sus compañeros de viaje—. ¿No apoya eso la posición de los chamanes?

El salón estaba en silencio. Antes de seguir hablando, los dejé así un rato con sus pensamientos.

—Durante los próximos días —dije al fin— van ustedes a ver y a experimentar cosas increíbles. Algunos serán curados de sus dolores y de las enfermedades que han desafiado a la moderna ciencia occidental. —Hice una pausa observando sus rostros decididos—. Estoy ansioso de escuchar sus teorías al respecto durante nuestro vuelo de regreso la próxima semana.

Después de volar sobre la selva en un avión monomotor, que no parece más grande que algunas de las aves que se desplazan al

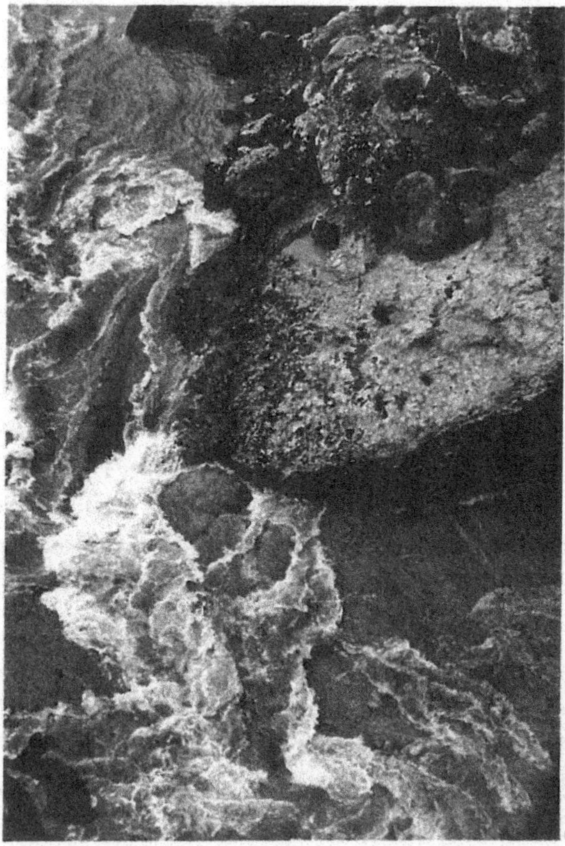

Foto de Ehud C. Sperling

FIGURA 7: Río del territorio shuara

ras de los árboles, las gentes que vuelan conmigo hacia el territorio shuara tienen a la vista el río Suntai.

Es el tipo de río que en casi todo el mundo sería clasificado como "peligroso", y que sería retado por los expertos, en las balsas de hule más modernas disponibles. Pero los shuara no las tienen; ellos usan canoas que han sido vaciadas de grandes troncos de árboles. No habiendo visto nunca un equipo de seguridad, ni sabiendo de regulaciones gubernamentales, navegan a través de los feroces rápidos con largas pértigas, un hombre parado en la proa y otro en la popa. No obstante que ambos disfrutan de un sentido de equilibrio que rivaliza con el de los monos que frecuentemente se acercan a la orilla a darles ánimo, están muy familiarizados con los raspones y los huesos rotos que pueden resultar cuando se es arrojado al río al golpear el bote una roca sumergida y se es lanzado a través de la impetuosa corriente.

Yo he visto ese río muchas veces y su aspecto siempre resulta inesperado. La playa donde las canoas estaban varadas, había sido a veces tan ancha como una supercarretera de seis carriles, y otras veces la había visto tan angosta como una vereda en la selva. El nivel del agua podía subir hasta veinte pies en menos de una hora después de una buena lluvia. Había habido ocasiones en las que me asaltaba la tentación de correr a la pista de aterrizaje antes de que despegara el avión y pedir que me llevara de vuelta a los campos nevados de los Andes.

Pero nunca había sido testigo de algo como lo que vi un día a fines de agosto. En razón al número de personas, habíamos formado tres grupos para los vuelos. Yo había encabezado al primer grupo de vuelo, en tanto que Raúl se quedó atrás con los otros. En cuanto aterrizamos, mi grupo se dirigió de inmediato al Suntai. Encontramos la corriente como una fiera bramante que había devorado la playa. Las aguas habían rebasado las orillas, salido de madre y como la cola de un dragón, azotado los árboles al final del sendero. Me quedé parado ahí lleno de temor y respeto.

Entonces se me ocurrió que eso era una señal, y quizás una bendición disfrazada. Entre nuestro grupo se había manifestado bastante preocupación por el asunto de la ayahuasca. Después de saber que los chamanes shuaras la pondrían a nuestra disposición, la gente se había dividido. La mayor parte de los once eran psicólogos, un par eran médicos, y uno era administrador de empresas con fuerte interés en usar la psiconavegación para el estrés gerencial. Intrigados como estaban con la idea de ingerir esa substancia extraída de una planta reputada como poseedora del poder de transportar al usuario a otros reinos de realidad, hablaban y discutían respecto a la decisión de si participar o no hacerlo. A mí me había preocupado que el asunto fuese a dividir al grupo, y en un esfuerzo por minimizar el tópico, había dejado claro que la ayahuasca no formaba parte del programa, y que, aunque quizás yo me arriesgara a probarla, recomendaba que no se usara.

Parecía que todo el asunto había sido resuelto por el Suntai.

—Mati —dije dirigiéndome a uno de nuestros guías shuaras, sintiendo a la vez alivio y decepción por la perspectiva de que no se efectuara la experiencia de la selva—, está claro que no podemos seguir más adelante. Deberíamos tomar el avión de regreso, antes de que la lluvia nos deshaga.

Echó la cabeza hacia atrás y se rió de buena gana. Volteó hacia sus compañeros shuaras y describió al Suntai como una lagartija castrada. Sus risas se unieron a la de él.

—Vamos a ver a Numi en canoa —me dijo señalando a las tres canoas amarradas a árboles a lo largo de la orilla.

Su confianza quebrantó mi resolución, pero no estaba dispuesto a ceder tan fácilmente.

—Lo he visitado muchas veces, pero nunca he visto el río ni aproximadamente a la altura que tiene ahora —protesté.

Aunque estuvo de acuerdo en que lo de ahora era inusual, insistió en que tomáramos las canoas, asegurándome que la corriente no era peligrosa.

—La lluvia cesó anoche —me dijo. Se acercó confiado a un árbol cercano y colocó la mano en la marca que había dejado el agua, al nivel de su pecho—. La furia de Tsúnkqui ha pasado —dijo, añadiendo con una sonrisa algo sobre no haber podido encontrar a un shuara a varias millas de una canoa si Tsúnkqui estuviese aún enojado. Volteó bruscamente, y con sus compañeros, empezó a cargar las provisiones en las canoas.

Momentos después nos estaban ayudando a abordarlas. Ninguno de los otros hablaba español, pero varios miembros del grupo querían saber si lo que íbamos a hacer era peligroso. Yo sólo podía decirles que el shuara no lo creía así. En respuesta a una de sus interrogantes, le pregunté a Mati cuántos shuaras se habían perdido en el río.

—¿Perdido? —replicó—. Jamás nos hemos perdido en el Suntai, solamente nos perdemos a veces en el bosque. Todos los shuara encontraron este comentario tremendamente gracioso. Nos enfilamos al río; cada canoa llevaba a un shuara parado en la proa y a otro en la popa. Casi de inmediato nos sentimos succionados hacia adelante por la silbante corriente.

Tuve que luchar con un repentino ataque de náusea. Debo de estar loco, pensé, para traer gente a este lugar donde la vida está tan plagada de peligros. La imagen de la choza del chamán y la obsesionante música de una ceremonia ayahuasca, pasaron velozmente ante mis ojos. Sabía que necesitaba librar a mis pensamientos de todo lo que fuese negativo. El mundo es como lo sueñas, Juan. Forcé mis pensamientos a concentrarse en el bosque que delimitaba las riberas del río.

El área que estábamos atravesando, en las laderas orientales de las montañas Cutucú, era abrupta y escabrosa, no la planicie tropical que suele venir a la mente de la mayoría de las personas cuando piensan en la cuenca del Amazonas. A veces, los tributarios que alimentan al Suntai, caen de acantilados que parecen salidos de la novela de Edgar Rice Burroughs, Mundo Perdido. Los animales que habitan esta región, las plantas, insectos y reptiles, también son diferentes. Algunos no se encuentran en ninguna otra parte de este planeta. Estábamos pasando cerca de la guarida de un uatzín, criatura de la que se cree que es el eslabón evolucionario entre pájaro y reptil. Mientras forzaba mi mente a divagar en estas cosas, mi estómago empezó asentarse. La gente que me acompañaba, estaba participando en este viaje para aprender sobre el poder de la semilla, la unidad empatética compartida por todos, el sueño. Pensé en los tres pilares de Candelaria y supe que tenía muchas lecciones por aprender.

La canoa se sacudió violentamente hacia la izquierda. Me prendí de la borda con ambas manos. Golpeamos contra un piedra. Las voces de los viajeros callaron. El guerrero de nuestra proa saltó al río. Metiéndose como cuña entre la roca y la canoa, empleó sus piernas para empujarnos a la corriente de nuevo y rápidamente volvió a abordar. Al hacerlo, me salpicó las manos de agua helada que luego resbaló hasta mis piernas.

Entramos a una masa de rápidos arremolinados. Eché una ojeada a los rostros que me rodeaban. Todos los miembros del grupo se veían aterrorizados. Los shuaras, por otra parte, parecían estar disfrutando este viaje loco. Directamente detrás de mí, Mati, nuestro timonel, se concentraba en su labor, y sin embargo, tenía un aire de despreocupación. Durante una fracción de segundo nuestros ojos se encontraron y sonrió.

Repentinamente se acabó la angustia. Flotábamos plácidamente por una corriente tranquila. Los loros graznaban en los bosques que nos rodeaban. Susana, que iba sentada adelante de mí, volteó para encararme.

—Esta fue la cosa más atemorizante que he hecho jamás —dijo—, pero ¡qué maravilloso es estar vivo!

Recordé la letra de una canción shuara cantada al alcanzar los jóvenes la mayoría de edad: "*Nací para morir peleando*". Le pregunté a Mati si esos conceptos se cantaban con sinceridad.

—Oh, sí —dijo, y después se rió—. Pero claro que nosotros no creemos en la muerte , por lo menos, no en la forma en que creen ustedes los cristianos.

Pensé en Tsúnkqui, Nunkui, Ayumpum y en todos los otros dioses buenos que marchan con los shuara.

Dirigí la mirada al bosque a lo largo de las riberas del Suntai con una nueva preocupación. Aquí había sitios donde los espíritus no sólo habitan, sino que además son reconocidos. Parte del atractivo de la ayahuasca, es el poder de poner a quien la usa en contacto directo con el mundo de los espíritus. Los shuaras sabían que existía un riesgo, sin embargo, valía la pena correrlo.

Riesgo. La palabra tenía un sentido totalmente nuevo cuando se expresaba en el contexto de estas selvas y la gente que las habita. Para la mayoría de las tribus, el riesgo no era tanto de morir, sino de no vivir adecuadamente. Era la calidad del tiempo pasado en la tierra, no su cantidad, lo que tenía importancia. ¡Qué sueño tan distinto del que a mí me habían enseñado!

¿De dónde —me preguntaba—, habremos sacado la idea de que debemos hacer todo lo posible por posponer lo inevitable? ¿Por qué le damos tanta importancia a la noción de que es síntoma de progreso lograr que aumente en las estadísticas la duración de la vida humana? ¿Qué es lo que tienen las palabras *más* y *prolongada*, que les ha conferido un lugar tan preponderante en nuestro lenguaje?

Pensaba en todo esto mientras seguíamos adelante, adentrándonos más y más profundamente en el bosque. Comprendía que cuanto más lejos fuésemos, era mayor el riesgo de morir. No había la menor duda de que si la canoa se volcaba o alguien pisaba una serpiente venenosa, o tenía un ataque de apendicitis, sería prácticamente imposible regresarlo por el río, llegar a la pequeña pista aérea, y transportarlo a un hospital. Cuanto más nos introducíamos en la selva, mayor era la probabilidad de que cualquier accidente resultara en una lesión seria o en la muerte. Al principio sentí lo anterior como si fuera un dolor agudo en la boca del estómago, acompañado por el pensamiento, ahora familiar, de que había que estar loco para traer gente aquí, para arriesgar no sólo mi propia vida, sino arriesgarme a demandas legales y asumir otras responsabilidades. Pero entonces, mientras veía los árboles en las riberas y escuchaba a los pájaros; mientras observaba los rostros de la gente que se había reunido aquí representando tantas raíces diversas y sentía el helado piquete del agua en mi cara y en mis manos, algo extraño ocurrió.

Mirando hacia arriba, vi en el cielo azul, a un par de pájaros volando a gran altura, los que, como si siguiesen una coreografía creación de un poder providencial, hacían piruetas y ejecutaban una danza, que parecía creada para hablar directamente conmigo sobre la necesidad de liberarme de mis temores materiales. Aquellos temores, ahora irrelevantes, fueron substituidos por un sentir de liberación. Con volátil corazón me convertí en uno de aquellos pájaros, uniéndome al bosque, al cielo, al río y haciéndome uno mismo con todos esos otros espíritus que estaban representados por los rostros de las personas que se encontraban en la canoa. Momentos del pasado, sueños y recuerdos de tiempos en los que había seguido a mi corazón, todo ello retornó a mí por un instante y lo sentí cristalizar dentro de mi corazón, como un diamante, brillante y polifacético, que habría de usar para siempre.

Ocurre con frecuencia que las personas que participan en mis viajes, se enamoren entre sí. Quizás se deba al propio medio ambiente. Desde los nevados Andes a los vaporizantes bosques, el Ecuador está cargado de energía sensual. En un momento dado está usted deslumbrado por la increíble majestad del volcán activo más alto del mundo y al siguiente está parado con un pie en cada lado de la línea ecuatorial, observando una ventisca de nieve sumergir al gigantesco Cayambe; luego rebasa al feroz Sangay y repentinamente se encuentra en el corazón de la selva amazónica, tomando chicha, una bebida fermentada hecha de raíz de mandioca, con un chamán que ha reducido cabezas y es experto en plantas psicotrópicas. O acaso sean los indígenas mismos, su vestimenta exótica, misticismo, música erótica, su amor a Pachamama, a sus hijos, sus animales, a la forma en que hacen honor a la vida y glorifican la muerte.

Yo creo que es por todo eso y por más: el bombardeo de fragancias y sonidos, plazas de hierbas y flautas tocando melodías en escalas desconocidas para los norteños; el sabor de la naranjilla y de otras frutas demasiado delicadas para la exportación; sentir el contacto de un cobertor tejido de lana de alpaca; y el sol en el aire fino, a diecisiete mil pies de altura, golpeando sobre los hombros que están fríos debido a los vientos de -6.66 grados centígrados. Más que nada, sin embargo, creo que la gente se enamora durante estos viajes porque empieza a aceptar la idea de una unidad total, que es el meollo de la filosofía indígena. Ellos se sienten uno con los demás y con el mundo que los rodea.

El amor trasciende la experiencia. Permanece con los viajeros durante mucho tiempo, acaso para siempre. Cuando regresan a sus hogares en los Estados Unidos o Europa, desean desesperadamente seguir en contacto, entre ellos y con Ecuador. Organizan redes de comunicación y boletines, y hacen reuniones. Muchos regresan a Ecuador. Este tipo de amor se manifiesta de mil maneras. Siendo siempre sensual, tiende más a ser platónico que sexual. Es siempre profundo y apasionado, y resulta confuso por ser tan distinto de lo que tenemos costumbre de sentir. Yo sentí tal amor por Alicia Fieldstone, una cardióloga de Los Ángeles, una noche que estuvimos uno junto al otro escuchando a un chamán llamado Yampun, describir la ayahuasca. Iluminado por el resplandor de su hoguera, sostenía ante él un pedazo de madera nudosa que parecía una raíz. Sus dedos apenas parecían tocarlo y su voz era muy queda. Kitiar, el shuara anciano, a quien Yampun estaba ayudando, permanecía reverentemente de pie junto a él, observando con gran interés la expresión de nuestros rostros mientras le escuchábamos.

De pronto se suscitó una conmoción afuera. Yampun intercambió unas palabras con una mujer a la que no veíamos. Kitiar fue a la puerta y habló a la noche. Una anciana y dos jóvenes entraron. Después de un breve saludo, ella le mostró un dedo a Yampun para que lo revisara.

Sentí a Alicia retirarse un poco de mí para poder ver más de cerca el dedo.

—Fea infección —murmuró. Y se perdió en las sombras.

Yampun examinó el dedo y luego estudió a la mujer cuidadosamente. Se volvió a Kitiar y habló en shuara. Mientras hablaban, regresó Alicia. Sostenía discretamente en su mano, fuera de la vista del chamán, un pequeño tubo de ungüento.

Llegó Secha, la esposa de Yampun. Después de un corto cambio de impresiones, salió de nuevo, ahora con la mujer del dedo infectado. Kitiar nos hizo señas de que los siguiésemos. En la obscuridad, anduvimos a tientas por un sendero de la selva, hasta que por fin nos detuvimos. Secha estaba parada junto a un árbol, sosteniendo una vela encendida y algo que brillaba ocasionalmente, como una luciérnaga.

Podía yo escuchar una voz cantando, pero no podía distinguir de quién era, ni darme cuenta siquiera si venía de nuestro pequeño grupo. Secha movió su vela hacia arriba en dirección paralela al tronco de un árbol. Colocó contra la corteza el objeto que brillaba, y pude ver que se trataba de una navaja pequeña. Lentamente, con meticulosidad, cortó una ranura y con la misma hoja juntó una bolita de savia. Sin el menor titubeo, la aplicó directamente en la herida de la mujer. Después de hacerlo, bajó la vela hasta la altura de las rodillas y hurgó entre la maleza que bordeaba el sendero. Corto una hoja y cuidadosamente la aplicó sobre la herida cubierta de savia.

—¿Funcionará? —le pregunté a Alicia mientras caminábamos de regreso por el obscuro sendero.

—No tengo la menor duda. Estas gentes saben muy bien lo que están haciendo. —Me recordó que muchas de las drogas prescritas por los médicos en los Estados Unidos, tenían su origen en los bosques y añadió—: Imagina cómo mejora tu perspectiva el ser curado directamente por un árbol. La intimidad que existe aquí entre la gente y la naturaleza, es magnífica.

En vez de regresar con los otros a la choza de Yampun, caminamos hacia el río, desde donde teníamos una vista clara de la noche estrellada.

—Te hace pensar —dijo ella contemplando fijamente el cielo— dónde empezó todo, y cómo llegamos a donde estamos hoy.— Me contó de un profesor universitario que la había impresionado con su teoría de la evolución—. Sacudió las aulas, porque insistía en que la libre elección, no la mutación, ni una selección natural, es la clave.

Mientras me la explicaba, vi que tal teoría se asemejaba mucho a la tesis de Numi en el sentido de que todo es modelado por nuestros sueños. Ella empleó el ejemplo del eslabón evolucionario entre el venado y el alce. Ambos descienden de un ancestro común.

—Pero —dijo, sonriendo gentilmente—, en alguna parte del camino, uno decidió huir de un tigre dientes de sable, en tanto que el otro optó por luchar con él. El primero se visualizó a sí mismo volando lejos de sus enemigos, como un pájaro y el segundo se vio a sí mismo como triunfador de una batalla heroica. —Yo me sentí muy cerca de esta doctora de Los Ángeles mientras estábamos ahí junto al río en medio de la selva, compartiendo las estrellas y la teoría sobre la forma en que se desarrolló la vida en nuestro planeta. Cuando me dí cuenta, tenía mi brazo alrededor de sus hombros. Ella se inclinó hacia mí y me provocó un ligero escalofrío.

Empecé a hablar de una idea con la que había estado luchando y de cómo, aunque en el corazón la aceptaba, tenía dificultad en conciliarla con mi educación científica.

—Creemos haber alcanzado el pináculo de la inteligencia durante los últimos cientos de años y que ello nos permitió inventar las máquinas de vapor, plantas de energía, aviones y computadoras. Pero tal creencia parece ridícula. ¿Implica que nuestro cerebro creció súbitamente?

—La ciencia médica se reiría de esa sugerencia.

—Entonces, ¿cuál es la explicación? Hemos de creer que los mayas, con un conocimiento matemático que les permitió diseñar un calendario más preciso que el nuestro, no pudieron elaborar armas más avanzadas que las macanas de piedra? Sabemos que los chinos inventaron la pólvora mucho antes que los europeos, pero, sin embargo, la usaron solamente para sus celebraciones. ¿Podemos creer que se requirió de una creatividad superior, que únicamente existía en Europa, para comprender el potencial de la pólvora en una guerra?

—Fue cosa de elección —dijo apretándome la mano.

—Así tiene que haber sido —respondí y continuamos caminando abrazados. Era la primera vez que había compartido estas ideas con otra persona. Le dije que había llegado a la conclusión que puesto que las máquinas de combustión y las plantas generadoras de electricidad, son alimentadas con fluidos que solamente pueden obtenerse exprimiendo a través de minas a la Madre Tierra, ese sueño fue rechazado por nuestros ancestros como una pesadilla.

Ella protestó, afirmando que los antiguos griegos, egipcios, romanos, hindúes y chinos, habían explotado minas.

—Todo ese mármol, todas esas armaduras. —Amplió el razonamiento a los aztecas y los mayas.

Yo estuve de acuerdo, pero señalé que lo habían hecho dentro de estrictos límites y siempre bajo guía divina.

—Cada una de esas civilizaciones se veían a sí mismas como servidoras de un gran poder.

Nos detuvimos, y como si nos hubiésemos puesto de acuerdo, nos quedamos mirando las estrellas.

—Los shuaras también practican la minería a su manera. Cosechan sal y mandioca, palmas para hacer sus casas y ayahuasca de los bosques. Pero siempre piden permiso primero, y después, le dan las gracias a Núnkui o a otro de sus dioses.

—¿Así que la intención hace la diferencia?.

—No tanto la intención, como el sueño. En algún momento cambiamos el sueño de honrar a la Tierra, por uno de dominar a la Tierra. Puede haber ocurrido como resultado de la peste bubónica, que mató a tanta de la población mundial allá en el siglo catorce. En Europa y Asia, donde se extendió la epidemia, el temor de la gente al inmenso poder de la naturaleza, provocó la necesidad de controlarla, una búsqueda para dominarla con objeto de que una catástrofe de tal magnitud nunca pudiera repetirse. Antes de la peste bubónica, la gente buscaba respuestas en la Iglesia; después, las buscaban en la ciencia. Las tecnologías de contaminación masiva se hicieron posibles.

Una curva del río nos había dirigido de nuevo rumbo a la choza. Una vez más, bajo los árboles, la luz de las estrellas había sido reemplazada más adelante, por el tenue brillo de unas velas.

—El venado y el alce —dijo ella—. Civilizaciones que honran a la Tierra y civilizaciones que la dominan—. Su voz calló. Seguimos caminando hasta llegar al círculo de luz, donde nos detuvimos.

—Sí —dije—, creo ver una conexión. —Quitamos la vista de la luz y observamos el bosque. Las luciérnagas revoloteaban por las vagas líneas de denotaban gigantescos árboles, prestándole al lugar una calidad mística, El antiguo sonido de una flauta de madera, salió de la choza. Su cuerpo se movió frente a mí.

—Acabo de decidir tomar la ayahuasca —dijo.

Tomé el frío que me recorría la espina, como una premonición.

—Quizás no deberías hacerlo. —Temía yo por ella.

—Sí. —Por la forma en que lo dijo, supe que se había decidido.

—Las plantas tienen cosas que decirnos. Lo menos que puedo hacer, es escucharlas.

Me arrojó sus brazos al cuello, y jalando mi cabeza hacia la suya, me besó. Nos quedamos un rato abrazados, precioso momento. Luego ella se desprendió, y como una linda mariposa, voló hacia la luz.

Permanecimos con nuestros amigos shuaras en la selva obscura, bajo las estrellas. Hablamos en secreto, como quienes oran en una catedral, sintiendo que aquellos mundos distantes podrían escuchar nuestras voces y ser molestados por ellas. Poco antes, una tormenta de meteoros había iluminado el firmamento con tal brillantez, que uno de nosotros había preguntado en voz alta si no se trataba de un halo de flechas encendidas, en un ataque de alguna tribu vecina. Todos volteamos hacia el oeste para ver una luz fulgurante en la distante obscuridad. Se distinguía de las estrellas no sólo por parecer mucho más grande, más intensa, y obviamente más cercana, sino también por su color, un brillante rojo profundo que daba la impresión de una herida sangrante inferida de un tajo a un violento y agresivo enemigo, a través de la armadura de la noche.

Era Sangay, el inmenso y muy activo volcán que, para muchos indígenas, tiene los poderes de un ser sagrado. Solamente podíamos ver su fiera cumbre, pero sabíamos que más abajo se encontraba la enorme masa de la montaña, estirándose hacia arriba rumbo a la obscuridad superior, desde el piso de la selva, en los bordes externos de los Andes orientales. Tenía fama de poseer una forma totalmente cónica, pero pocas personas podían verificar tal cosa, pues durante el día siempre estaba cubierto por un sudario de neblina amazónica, un misterio incluso para aquellos que vivían a su sombra. Muchos aseguraban que siempre lo podían sentir palpitando, como un gran corazón bajo sus pies, así como podían escuchar su constante retumbar; sin embargo, rara vez podían verlo. Para ellos, era un proceso constante, pero —como un dios— en contadas ocasiones se le veía en su manifestación física.

Cada uno de nosotros sabía que el ser testigos presenciales de la explosiva danza del Sangay, era un raro privilegio. Nosotros, peregrinos norteamericanos, reunidos ahí con nuestros maestros shuaras, dimos gracias a los espíritus de la selva por su generosidad. Alguno de nosotros dijo que era un augurio; otro afirmó que era una antorcha ofreciéndosenos para que guiáramos a nuestra gente fuera de nuestra condición materialista. Alguien más lo comparó con la Estrella de Belén.

Mientras observaba al poderoso volcán hacer erupción hacia la noche estrellada, pude comprender lo que querían decir los quechuas cuando aseguraban que Pachamama es nuestra verdadera madre, y que la mujer de cuyas entrañas nacemos, es solamente una substituta. Una persona a la que se debe amar y respetar, pero sólo un conducto para la Madre Tierra. Yo sentí el parentesco con esta apasionada, y a veces violenta, madre que provee de todo lo que necesito, alimentos y agua, aire y fuego, ropa y refugio. Entendí que cuando los otavalanos hablan sobre su liberación de las entrañas de sus madres humanas para poder retornar a la Tierra, están hablando literalmente.

Me retrotraje mentalmente a la época en que todo el mundo había estado en erupción, cuando todas las piedras eran lava fundida y el líquido hirviente fluía como océanos sobre la superficie de nuestro planeta. Grandes nubes de vapor cubrían cada pulgada. Complejos químicos se arremolinaban por todas partes realizando sus átomos danzas rituales que a través de la misteriosa alquimia de la creación, generaron la vida. Tiempos de nacimientos violentos, tiempos en los que cualquier testigo habría visto en Pachamama la prueba irrefutable de ser un ente viviente, creador y consciente.

Comprendí también, cuánto más difícil es para nosotros ver esa prueba en piedras endurecidas, en los restos fósiles de aquella gran explosión de actividad procreadora. A veces la sentimos en los vientos, la percibimos en la fragancia de los bosques, y la escuchamos cuando rompen las olas en alguna playa escabrosa, pero esas son solamente pistas, meros símbolos, del palpitante planeta que se extiende bajo nosotros. Se requiere la violencia de un huracán, la destructiva rasgadura de las capas terrestres en los terremotos, o la fiereza de un tornado, para despertarnos. Y aún a pesar de eso, despertamos sólo parcialmente. Cuando se acaba la pasión, retrocedemos; modificamos nuestras leyes zonales, enderezamos códigos de construcción y nos convencemos de que somos dirigentes omnipotentes.

Pero no aquí. No en Ecuador, ni en los dominios andinos de los volcanes nevados, ni en las vaporizantes selvas de la cuenca del Amazonas, pues aquí sentimos su poder y no podemos menos que pulsar la energía de nuestra respirante y creadora Pachamama. Nos hacemos conscientes de nuestra propia fragilidad, de nuestra dependencia de su sustento. Mientras estábamos bajo las estrellas observando al Sangay explotar, la relación pareció totalmente obvia.

Foto de Ehud C. Sperling

FIGURA 8: Cascadas termales, territorio shuara

A la mañana siguiente, hicimos una caminata a la caída de aguas termales. Al seleccionar nuestro camino a través de las resbalosas piedras de río por corrientes de agua helada, todo a nuestro alrededor parecía hacer eco al mensaje del feroz volcán: *la Tierra está viva*. Podía escucharlo en el rugir de los rápidos, olerlo al pasar por las exuberantes formaciones de orquídeas colgantes, sentirlo al vadear, con el agua al pecho, el gélido río de aguas provenientes de glaciares y también al recibir el sol tropical sobre los hombros, gustarlo en las vinos y cortezas que nuestros guías shuaras nos ofrecían cuando se detenían a explicar los usos de alguna planta que veíamos en una profusión de especies que caminan, trepan, vuelan y crecen con todas las configuraciones imaginables. Lo sentí en el acantilado que tuvimos que escalar y le agradecí a la piedra cada punto de apoyo que me brindó.

Las tres cascadas de aguas termales caían a través de un velo de neblina hasta una cañada ubicada abajo, que había sido cincelada en la roca por el río en el que habíamos caminado casi toda la mañana. Sólo dos de las caídas son realmente termales en punto de ebullición, nacidas en las profundas entrañas volcánicas dentro de Pachamama. La tercera es helada. Al contrario de sus hermanas, su lugar de nacimiento son los campos nevados en la cumbre de los Andes.

—Aquí —dijo uno de nuestros guías, señalando con entusiasmo— es donde los espíritus de la montaña se encuentran con los espíritus de las cavernas.

En la base de cada cascada se encuentra una profunda poza ideal para nadar. Cerca de las aguas termales, el agua está casi hirviendo, pero al desplazarse uno por la corriente, ésta se torna más y más fresca y tolerable. Las pozas de la caída de agua del glaciar y una de las volcánicas, se han unido. Puede uno pararse en una piedra en la mitad de esta poza combinada y estirando los brazos, sentir el vapor caliente en una mano y las aguas glaciales, heladas, en la otra. Yo he estado parado ahí y sentido esas aguas, muchas veces, anonadado por el sólo hecho de saber que soy parte de la magnífica diversidad de la Tierra.

Nos despojamos de la ropa y nos zambullimos. Nosotros —shuaras y norteamericanos a la par— éramos como niños jugando, gritando y salpicándonos unos a otros. Hasta los miembros más reservados de nuestro grupo, retozaban con una despreocupación, que había sido extraña a ellos quizás por décadas.

Michele, una doctora de Chicago, nadó por encima de mí.

—Si todo el mundo pudiera pasar un día como nosotros estamos pasando éste —dijo—, nadie volvería a meterle buldozers a un bosque. ¿Puede usted sentir la inteligencia que posee este lugar?

Ahora que veía —que veía realmente, no sólo con los ojos, sino con todos mis sentidos— captar la vida en todo lo que me rodeaba, no era tan difícil. Caminando de regreso de las cascadas termales, recordé cómo los quechuas hablan con las piedras. Cuando un ser amado se encuentra muy lejos, ellos se envían recados unos a otros a través de la Tierra. Una mujer puede cantarle una canción a una piedra. La canción es pasada a la siguiente piedra y de ahí a otra, y más y más, hasta llegar a su amado. El escucha la canción y envía su propio mensaje por el mismo conducto.

Me detuve a la mitad del río, y agachándome, pasé mi mano por la superficie de una piedra. Estaba mojada y resbalosa, y sin embargo, había sido calentada por el sol. Le hablé y le pedí que le hiciera saber a mi esposa y a mi hija que estaba pensando en ellas. Luego, involuntariamente, eché un vistazo a mi alrededor, para ver si nadie me había observado.

Seguí andando y me reí de mi propia vergüenza. ¿Por qué estamos tan seguros de que podemos enviar mensajes a través de alambres de cobre y de fibras, pero no a través de las piedras de las que tales cosas están hechas? Pensé de nuevo en Sangay y la lava derretida que en alguna época fluyó y cruzó sobre toda Pachamama. El conocimiento de que todos emergimos de eso

—absolutamente todos, piedras y árboles, reptiles y roedores, flores y seres humanos— estaba tomando una nueva y más profunda significación para mí. ¿No significa esto que verdaderamente somos todos uno, en el más literal y práctico de los sentidos?

Entonces, repentinamente, estaba más atrás aún, en una época más lejana, transportado al preciso principio, a la erupción con la que comenzó todo, al nacimiento de las galaxias. Recuerdo las hermosas descripciones de esa etapa del planeta hechas por el matemático Brian Swimme y el filósofo Thomas Berry, en su libro *The Universe Story*: "Si en el futuro, las estrellas ardieran y las lagartijas fulguraran en su luz, tales acciones serían impulsadas por la misma energía sobrenatural que resplandeció hacia adelante en el amanecer del tiempo".*

Fue un momento de poder y energía absolutos y no obstante, más que ser una explosión, fue un desdoblamiento, un don que brotó desde un sólo espacio y tiempo que abarcaba todo, como la germinación de una semilla. Y a partir de ese momento, toda creación que hubiese de seguir, fue ya concebida. Todos fuimos originados ahí, todos nosotros juntos, cada uno con los otros, de una sola fuente, unida en el sueño colectivo de la semilla tiempo-espacio como origen de la fuerza.

---

* Brian Swimme y Thomas Berry, *The Universe Story: From the Primordial Flaring Forth to the Ecozoic Era: A Celebration of the Unfolding of the Cosmos* (San Francisco: Harper San Francisco, 1992), pág. 17.

6 Ayahuasca

—¿Los shuara todavía encogen cabezas?

Varios de nosotros estábamos recostados en las hamacas con las cabezas hacia el poste central. La lluvia caía pesadamente en toda el área. Resbalaba del techo de palmas con la fuerza de una catarata. Éramos ocho en total, siete norteamericanos y Kitiar, el shuara anciano que, incluso entre los demás chamanes, era reconocido como un hombre de poderes especiales y vieja sabiduría. El chisporroteante fuego enviaba rizos de humo al techo. Las sombras danzaban en las paredes y subían confundiéndose con el humo.

Después de escuchar mi traducción, Kitiar respondió que en la actualidad se encogían muy pocas cabezas.

—Y —añadió— la selva ha sufrido. —Se dio vuelta en la hamaca, colgó los pies para un lado, y explicó que en los viejos tiempos los hombres encogían cabezas para obtener poder. Matar, nos dijo, era una parte necesaria de la iniciación requerida de los jóvenes para obtener la mayoría de edad.

—Para crear una vida había que tomar otra vida primero. Ahora —dijo—, los bebés son concebidos aunque no ocurran muertes; el equilibrio se ha perdido y la selva frágil se está sobrepoblando.

Por las expresiones de los rostros, podía darme cuenta de que lo dicho por Kitair, había sacudido a algunos de mis amigos.

—Dios mío —murmuró uno de ellos—, otro resultado inesperado del ahínco de los misioneros.

—¿Nos está diciendo que cazar cabezas era en realidad una virtud? —Preguntó otro con incredulidad—. ¿Por qué y cómo las encogían?

Al oír esta pregunta, el arrugado rostro de Kitiar se deshizo en una amplia sonrisa, y saltó de su hamaca. Aunque probablemente andaba cerca de los ochenta años, aún era ágil y vigoroso, en tanto que su cuerpo se veía firme y atlético.

—Encogíamos las cabezas de nuestros enemigos —dijo— para que sus almas vengadoras se quedaran dentro de ellas y no se tornaran contra nosotros o contra nuestras familias. —Continuó empleando sus propias manos y su cabeza para demostrar el procedimiento, indicando cómo se hacía un corte alrededor de los hombros, y luego hacia arriba por el cuello hasta la parte de atrás de la cabeza, para poder sacar el cráneo. La masa carnosa era sumergida en agua hirviendo.

Después de unas cuantas horas, la boca y otros orificios eran cocidos para tener la seguridad de que el espíritu vengativo no podría escapar. Kitiar se aproximó al fuego; hincándose ante él y usando un pequeño güiro para hacer su demostración, nos dijo que durante varios días la cabeza estaría llena de arena que había sido calentada al fuego. El proceso de encogimiento continuaba. Se usaba arena caliente, así como pequeñas piedrecitas, para moldear la cabeza —aunque de mucho menor tamaño— a su forma original. Levantado el güiro en alto, pasó los dedos por él para ilustrar las diversas formas en que una cabeza encogida puede ser pintada para verse más real.

—Parece tener experiencia —observó uno de los oyentes—. ¿Ha encogido cabezas?

Kitiar se balanceó sobre sus talones. Mantuvo sus manos abiertas al fuego, con cuyo brillo sus mejillas se veían sumidas; cada arruga creaba una sombra. Sus ojos viejos, ojos que precedían a la historia escrita , y que hablaban de valor, fuerza, y compasión. Observó el humo mientras éste bañaba sus manos y se elevaba a la obscuridad de las vigas. Lentamente movió la cabeza de arriba a abajo.

—Muchas —dijo—. Pero hace largo tiempo.

—¿Dónde están? ¿Podemos verlas?

Les expliqué que Kitiar las tenía escondidas en un lugar seguro, añadiendo que aunque en la actualidad va a misa los domingos, aún cree que los espíritus vengativos lo matarán, así como a sus seres queridos, si alguno logra escaparse.

Kitiar se puso de pie, y al hacerlo, sus brazos abrazaron el humo atrayéndolo hacia su cuerpo.

—Los espíritus están rodeándonos por todas partes. —Musitó lentamente—. En la selva. En esta choza. —Caminó hacia la pared y atisbó entre los tejidos de palma hacia la lluvia y hacia el bosque.

Ann dejó su hamaca, y fue a pararse junto a Kitiar.

—Quisiera poder hablar su idioma. Su punto de vista sobre la vida, es hermoso. —Yo traduje lo dicho, y él volteó hacia ella.

—La vida —dijo— es hermosa. Pero la muerte es más hermosa aún, porque nos permite realizar nuestro destino.

Ella recorrió la estancia con la vista, y luego habló directamente a Kitiar.

—No puedo estar en desacuerdo con usted, pero ha de comprender que tal concepto es difícil de comprender para los gringos.

Asintió con la cabeza, y sonrío.

—Así lo entiendo. —Y retornando al fuego, comentó:

—También entiendo que ustedes vinieron aquí para comprenderlo.

Siguiendo el ejemplo de Kitiar, ella se acercó al fuego, y con las manos, movilizó el humo hacia sí misma.

—¿Lo ve? —dijo—. Ya ha aprendido a atraer a los espíritus hacia usted.

Al poco rato de retirarse Kitiar, cesó la lluvia. Seguimos tendidos en nuestras hamacas escuchando los variados sonidos: el chisporrotear del fuego; un par de pollos picoteando contra el duro piso de tierra; un marrano que se revolcaba afuera en el lodo; pájaros cantores, y el zumbido, como de cigarras, de los insectos del bosque.

—Toda esta idea de soñar el mundo —dijo Jerry— sonaba muy intelectual allá en los Estados Unidos. Ya sabe, "el mundo es como uno lo sueña" y todo eso. Pero ahora, creo que estoy empezando a entenderlo.

—Estas gentes realmente viven sus sueños —añadió alguien.

—¿No es ése el objeto de la ayahuasca?

Lo que siguió, fue una larga charla sobre la "vid del alma". Era una oportunidad que había estado esperando, porque, aunque yo había dejado bien claro que la ayahuasca podía ser mortal, y que si alguien la tomaba sería contrariando mi recomendación, sospechaba que varios miembros del grupo lo harían. Era importante, por lo tanto, que de antemano supieran sobre ella lo más que yo pudiera enseñarles. Les expliqué que era una acción seria —y dolorosa— que los obligaría a ayunar por lo menos veinticuatro horas antes de tomarla, que la ayahuasca era un tóxico amargo detestable que probablemente les causaría vómito violento y acaso les obligara a defecar sin control durante una o dos horas posteriores a su consumo. Dirigí la vista a todos y cada uno de quienes estaban en las hamacas.

—¿Y cuál es el lado malo? —preguntó sarcásticamente una voz de mujer.

—¿Aparte de la posibilidad de recibir un funeral shuara? —comentó otro del grupo—. ¿O nos van a encoger las cabezas?

Risas nerviosas se produjeron por toda la habitación.

—Pues así es la cosa —dije.

—¿Y el lado bueno?

Observé las sombras jugando en el techo sobre nuestras cabezas. Por un momento me sentí transportado hacia atrás en el tiempo a mi primera experiencia con la ayahuasca. Podía oler aquel líquido tremendamente agrio que me provocó náuseas al ser ingerido. Podía escuchar una música melódica, podía sentirme proyectado hacia un mundo de brillantes colores, plantas parlantes, y multifacéticos símbolos geométricos.

Una voz, pidiéndome que les dijera más, me trajo de nuevo al presente. No era una charla que yo quisiese tener; pero estaba consciente de que se la debía. Traté de ser objetivo, y de no sacar a colación alguna de mis inclinaciones personales. Me basé en descripciones que había leído y escuchado de otros hasta donde mi memoria me lo permitió. Les dije que un buen viaje de ayahuasca los llevaría a lo más profundo de otros mundos, donde encontrarían fácil comunicarse con las plantas, los animales, y la Tierra misma.

Hablé de cómo los severos mensajes que recibí después de tomar la ayahuasca, habían producido grandes cambios en mi vida. Les dije también que había ganado capacidades de percepción interior similares a cuando psiconavegaba sin usar ayahuasca o ninguna otra substancia; que un buen viaje de psiconavegación era muy similar a un viaje de ayahuasca, aunque más corto y menos intenso... y seguro. También enfaticé que, según la tradición shuara, una persona no debía comentar sus experiencias de ayahuasca con nadie más que con un chamán, cuando menos, no antes de que hubiesen transcurrido varias semanas de la prueba. En otros tiempos, parte de la iniciación de los jóvenes en la edad adulta, incluía un viaje a la catarata sagrada; una vez ahí, el iniciado, habiendo tomado ayahuasca, realizaba una "danza" ceremonial con la cascada, y recibía una visión que frecuentemente incluía un mensaje verbal emitido por una voz que salía de la jungla. Entonces, el iniciado se colmaba de fuerza increíble, tanto espiritual, como física. La víspera de atacar a un enemigo, por la noche compartía su visión y mensaje con sus camaradas, ya que hacerlo antes se habría traducido en pérdida de fuerza. Si su visión había contenido la verdad, a la mañana siguiente saldría victorioso y retornaría a su familia con la cabeza de su enemigo.

—¿En qué forma va a diferir esta sesión de ayahuasca de los talleres de trabajo que suele dar? —preguntó Peter.

Recordé el taller de trabajo al que él había asistido varios meses antes, en la Universidad de Pennsylvania. Había habido llenos totales, o sea, cerca de doscientas personas en el seminario vespertino combinado con taller durante todo el día siguiente.

—Habrá mucho más lugar para que se acomoden —dije riendo—. El salón de clase será el auténtico albergue de un chamán, y desde luego, no tendrá paredes de concreto. Además, en mis talleres nadie vomita, al menos, que yo me haya dado cuenta.

Al dirigirle de nuevo la mirada, comprendí que merecía una respuesta en serio.

—En realidad, lo único que puedo decir, Peter, es que esto es peligroso, y lo otro no lo era.

—Y también podría decir, John, que esto es una experiencia única en la vida, que ha sido descrita por personas muy inteligentes, como la cosa más extraordinaria que hayan hecho.

—También es cierto —corroboré.

La ayahuasca se convirtió en el centro de atención del grupo. Era nuestro segundo día en el Amazonas, y nadie parecía interesado en sostener una conversación larga sobre ningún otro asunto. Individualmente se paseaban de un lado a otro observando la jungla, escuchando y observando a las aves y mariposas; nadaban en el río y charlaban con los shuara. Pero cuando los miembros de este grupo de médicos y psicólogos estaban juntos, su conversación inevitablemente se relacionaba con la ayahuasca.

Siete profesionistas de edad madura, con educación refinada, todos extremadamente entrenados en uno o más aspectos de la medicina occidental, muy experimentados, respetados, personas a las que otras recurrían en busca de ayuda para sus problemas, varios de ellos especialistas en rehabilitación de drogadictos y alcohólicos, estaban obsesionados con la ayahuasca. ¿Por qué?

No consideré oportuno hacerles esta pregunta a ellos; cuando menos, no en esos momentos en que estaban contemplando si tomarla o no. Pero sí le pregunté a Numi, que vivía en el poblado donde estábamos. Lo encontré sentado en un tronco junto al río. Después de aquel día en que lo había visto por primera vez en la playa, diez y ocho meses antes, había sufrido una fuerte caída que le causó un severo dolor artrítico en la pierna izquierda. Esto lo había frenado físicamente, pero sus ojos permanecían jóvenes y alertas. Nada de su intelecto o de su sabiduría intuitiva, había mermado en lo absoluto.

—Lo que pasa, es que a todo mundo le intriga la magia —replicó, haciéndome un guiño.

—¿La ayahuasca es mágica?—le pregunté, y me miró con burla.

—¿No consideraría usted mágico a algo que le permite viajar a otros mundos? ¿O que hace posible llamar a jaguares y anacondas a su lado? ¿O platicar con las plantas? —Notó que su respuesta no me había dejado satisfecho.

—Bueno —dijo—, si no es por mágica, la ayahuasca puede fascinarlos por su parangón con el sexo.

—¿Sexo?

Explicó que la ayahuasca lograba lo que ni el sexo era capaz de lograr.

—Cuando hacemos el amor, tratamos de unirnos con la otra persona; tratamos de unirnos también con nuestros padres pero fracasamos. Sólo con la ayahuasca lo logramos. Y nuestra experiencia permanece para siempre. Una vez que hemos estado ahí, jamás lo olvidamos.

Le pregunté cómo él, un ex maestro de la escuela de la misión católica, podía creer semejantes cosas. La pregunta pareció impactarle.

—Pero si todo es completamente consistente. Cristo nos dio pan y vino —explicó— para unirnos como uno y el mismo con él y Dios. Como lo saben bien todas las tribus del Amazonas, a nosotros nos fue dada la ayahuasca para santificar nuestra unidad con los bosques.

Nos sentamos ahí en silencio durante un rato, observando el agua que había nacido en los altos glaciares de la montaña y que buscaba su camino al imponente Amazonas. Se puso de pie y le dio un ligero masaje a su pierna mala. Luego me preguntó si sabía yo el sobrenombre que le daban a la ayahuasca.

—Sí —dije—, la "vid del alma".

Se rió de buena gana.

—Ese es uno de ellos. Vino de la muerte es el otro. —Era la primera vez que escuchaba ese nombre. Debo de haber dado un brinco, pues se me acercó, tocándome el hombro con gesto tranquilizador.

—Como nosotros lo decimos, sabe, son una y la misma cosa.

—¿El alma y la muerte?

—Por supuesto. Cuando morimos nuestra alma es liberada; es una con todo lo demás, ¡el sueño universal! Nuevamente, como lo enseña Cristo.

Caminamos juntos a lo largo de la orilla del río. El se movía con cuidado, siendo obvio que el ejercicio le producía dolor.

—Verá —me dijo—, los shuara y los cristianos, los verdaderos cristianos, creen en las mismas cosas. Todos estamos conectados, todos somos hermanos y hermanas en el sentido más profundo posible, porque somos lo mismo, empollados de un huevo común —extendió los brazos— tanto nosotros los humanos, como todo lo que vemos, todo lo que tocamos, olemos, oímos, gustamos, y sentimos con nuestro sexto sentido. Tenemos la misma madre. Cristo lo sabe. —Y señalando a las puntas de los árboles que delineaban el río, añadió:

—Observe allá. La jungla tiene muchos niveles. Las grandes alturas donde viven las águilas. Y bajando, el nivel del tucán, el del mono y el de los pericos. Este en el que estamos parados. Y debajo, el nivel de los reptiles, el de las raíces, el del nacimiento de las aguas, del fuego, y así sucesivamente.

Se detuvo, y me miró de frente.

—Y más importante aún, es el nivel del espíritu. —Hizo un movimiento con las manos alrededor de su cuerpo, similar al que había hecho Kitiar arrodillado ante el fuego—. Ellos están aquí con nosotros durante todo el tiempo. Los conocemos a través de nuestros sueños. Podemos sentirlos, como lo hizo Cristo, pero a veces es difícil verlos cuando no estamos soñando. La ayahuasca nos ayuda. —Me dio una palmada en el hombro—. Eso es lo que yo llamo magia. Y es el tipo de magia que ustedes, en el norte, han perdido... cuando menos la mayoría de ustedes. —Se rió entre dientes—. Pero quizás "sexo" sea una palabra más adecuada. Pienso que a lo mejor su gente puede entender mejor la idea de la impotencia en el sexo, que la de la pérdida de la magia.

Me vino un pensamiento que quise compartir con él.

—La gente de Lakota, en los Estados Unidos, tiene una danza del Sol; pone a los danzantes en un trance que comparan con la muerte. —Le describí con tantos detalles como pude recordar, la forma en que al recuperar el conocimiento hablan los participantes de un mundo de paz donde visitaron antepasados y otros guías de gran poder y comprensión. Quedan con una euforia profunda y una convicción de haberse unido al Todo universal. De tal experiencia, queda una breve sentencia que frecuentemente se cita por los Lakotas como un ritual:

—Estoy relacionado con todo lo que es.

Numi unió sus manos entrelazándolas.

—¡Eso es magnífico! —Exclamó, haciendo una reverencia—. Es tan shuara. Tan cristiano. Ustedes debían llevar esa oración en su corazón, y hacerla parte de sus rituales.

Tuve que confesarle que mi gente había prohibido la danza del Sol hacía como cien años; pero que en la actualidad estaba retornando.

Seguimos caminando en silencio. Una mariposa pasó revoloteando y se posó en una piedra a la orilla del agua. Numi se acercó a ella. La estudió detenidamente. Tuve la impresión de que quizás veía en ella el alma de algún ser amado.

—Magníficas marcas —afirmó mientras se paraba—. Parecen una máscara. Observe que obvia se ve esa mariposa ahí en la roca; pero en la selva se torna invisible. ¡Como los espíritus!

Al continuar nuestra marcha, le hablé de la psiconavegación, explicándole que la encontraba muy similar al viaje de la ayahuasca, pero sin peligros ni molestias físicas. Me dijo que los shuara están familiarizados con tales técnicas.

—En realidad, practican la psiconavegación todo el tiempo. Un buen chamán, vive en otros niveles más que en éste que la mayoría de su gente llama el "real" o el "ordinario".

—¿Entonces por qué molestarse con la ayahuasca? ¿Para qué arriesgarse?

—Existen riesgos en todo lo que hacemos en el nivel en que vivimos. En caminar por esta vereda. En ingerir alimentos. Eso es parte del estar vivos. Pero lo peor que puede llegar a ocurrir, es que uno se pase a otro nivel. Dije "peor", pero desde el punto de vista, tanto entre los shuara como entre los verdaderos cristianos, en realidad esa es la meta. —Se rió de mi evidente confusión, y agregó—: Por lo que se refiere a la ayahuasca, es la forma de comulgar, como el vino de los cristianos. Es una ofrenda del nivel planta. —Describió a los chamanes como agentes humanos de cambio, y a la ayahuasca, como el equivalente a nivel planta—. Algunas personas quedan satisfechas con sentarse a meditar y adquirir paz mental. El chamán, no. El, o ella, han de crear cambio y enseñar a otros. Asimismo, a algunas plantas les basta con ser, pero a la ayahuasca, no. Tiene que crear cambio, y enseñar. Es por eso que los chamanes y la ayahuasca, trabajan en tan estrecha comunión. Esto es cierto respecto a toda la gente a través de los bosques, desde los Andes, hasta el océano Atlántico.

Llegamos al punto en el que el río es aprisionado entre dos

muros de roca. Tuvimos que trepar por la ladera para poder seguir por el sendero. Esto resultó demasiado esfuerzo para Numi. Su pierna estaba agobiada. Cuando llegamos a la parte alta, le faltaba el aire, pero una expresión de satisfacción iluminó su rostro.

—Si fuese yo un auténtico creyente —dijo— podría haberme soñado aquí arriba.

—Como Cristo caminando sobre el agua —dije de broma, percatándome de mi error demasiado tarde.

Me clavó una mirada dura.

—Exactamente —dijo con lentitud—. Sí, exactamente. Siempre he tomado esas cosas literalmente. Sé que muchos de mis hermanos en la iglesia no lo hacen. Quizás es mi raíz india. Los chamanes, claro, los verdaderamente poderosos, siempre han hecho cosas que el resto de nosotros considera como milagros.

—¿Cómo?

—Las sueñan. Lo que sueñan, sucede.

La choza del chamán estaba obscura. Los sonidos nocturnos de la jungla se filtraban por las paredes. Los cinco gringos que íbamos a ingerir ayahuasca nos apretujamos en un rincón, tratando de enfrentarnos a nuestro temor. Habíamos ayunado por veinticuatro horas, sin embargo, en ese momento ninguno de nosotros habría podido comer.

Observamos a nuestros compañeros sentados alrededor de la hoguera. Habían comido pescado atrapado en el río con redes por el hijo de nuestro anfitrión durante la tarde, y también raíces de mandioca, que parecían tiras alargadas de papa. Ocasionalmente alguien hablaba en voz baja, pero por lo demás, la choza estaba silenciosa y quieta, como si estuviésemos asistiendo a un funeral, y no a una celebración de nuestra unificación con todas las cosas del mundo en que habitamos.

Una luz se movió hacia nosotros en la obscuridad. Era Chankín, la hija del chamán. A la luz de la vela podía ver la carita del bebé que llevaba envuelto en un chal alrededor de los hombros. El rostro de la criatura brillaba en contraste con la negra tela. Chankín le ofreció una calabaza de chicha a Jan, la persona de nuestro grupo más próxima a ella. Observé a Jan viendo de lado a lado de la choza a Raúl. Como siempre él estaba alerta a todo. Dijo que sí con la cabeza y afirmo que sería bueno beber un poco.

Recordé las reacciones de horror que estas gentes habían mostrado en el aeropuerto de Miami, cuando les dije que el componente más importante de la dieta de los shuara era una cerveza elaborada masticando y escupiendo mandioca. Sin embargo ahora, cinco días después la bebían con gusto, comentando su singular sabor a frescura. En verdad que habían cambiado mucho.

Me llevé la calabaza a los labios. La fresca chicha me trajo la visión y el recuerdo de la tienda de alimentos naturistas cercana a mi casa, donde compramos kefir, un yoghurt líquido ligeramente agrio. Le devolví la calabaza a Chankín, y ella se la pasó a Alice, que estaba junto a mí. Cerré los ojos. Procuré concentrarme en los olores y sonidos de aquella tienda naturista, tratando así de bloquear los de la choza en que nos encontrábamos, de la familia shuara, y de la jungla que nos rodeaba. Luchaba desesperadamente por olvidar mi miedo.

Pero no funcionó. Mis pensamientos seguían retornando a la ayahuasca. Me preguntaba si tendría problemas de vómito, o si acaso sería atacado por la diarrea. Me preocupaba la posibilidad de morir sin haber recuperado el conocimiento. Pensaba en por qué habría decidido hacer esto, y luego me di cuenta de que tales temores, aunque normales para quien está a punto de tomar ayahuasca, me llenarían de energía negativa, y que si persistían tendría que declinar ingerirla cuando se me brindara la taza. Me vi a mí mismo parado ante el chamán, rehusando la ofrenda de sus manos tendidas... y me sentí humillado.

Y de pronto, ahí estaba ante mí, sosteniendo una vela cerca de su pecho desnudo, de modo que los negros tatuajes que ostentaba en las mejillas y en la nariz, se veían iluminados. Su voz era un canto tenue. En su cabeza llevaba una corona de plumas de Macao, negras, oro, y azules, con toques de rojo que evocaba flamas en la noche.

Sus musculosos muslos centelleaban a la luz del fuego al arrodillarse frente a mí y ponerme un dedo en la frente. Algo fresco y pegajoso siguió a su dedo al bajar entre mis ojos, y dibujó un puente a través de mi nariz. Se movía lentamente, con cuidado y delicadeza. Su concentración nunca pareció vacilar. Pronunció suavemente palabras que no pude entender, se paró y se dirigió a la siguiente persona a mí derecha.

Volteé a la izquierda y vi que los tres anteriores a mí tenían la frente pintada con brillantes marcas rojas. Los diseños eran simples líneas a lo largo de la frente y alrededor de la nariz, y no obstante en alguna forma —quizás justamente por su simplicidad— eran elegantes, sagradas.

Terminó y se perdió en las sombras al extremo de la habitación.

Nuestros acompañantes se habían retirado de la hoguera, ahora reducida a rescoldos. Ellos, como nosotros, permanecían en silencio total. Los únicos sonidos que se escuchaban, llegaban de la jungla, el croar de las ranas de árbol, el agudo canto de un ave nocturna, y un rugido ocasional que yo atribuí a un jaguar distante. El viento se filtró entre los árboles comosi fuera el susurro de las almas perdidas.

Entonces comenzó la música, al principio casi imperceptible. El suave sonido del tumank, un arco encordado sostenido en la boca y tocado con un dedo, que suena como un arpa de mano, pero con mayor dulzura, como si fuese tocada por ángeles. Después de un rato, se le unió una flauta de madera. La melodía parecía venir no de un área de la choza, sino de todas partes, como si el bosque mismo estuviese vibrando con la melodía a través de sus hojas y corteza. Al decrecer lentamente el volumen, los instrumentos fueron acompañados por la voz de un hombre que cantaba. Y él también, parecía una parte del bosque, no ubicado en determinado sitio, sino desplazándose, como un eco filtrado a través de las paredes de palma de la choza, que vagaba entre los árboles y animales de la noche.

Una lucecita brilló en el extremo de la choza y se acomodó al vacilante resplandor de una vela.

Una sombra destacó sobre nosotros y habló con la voz de Raúl. Jan se levantó y la siguió hacia la lucecita. La música cesó. Se produjo un suave ronroneo de voces shuaras. Yo sabía que Jan ya había de estar bebiendo la ayahuasca. Me di cuenta de que ya no tenía miedo. La suavidad de la noche, la forma en que nos había pintado el chamán, su sola presencia, todo ello me había calmado. Un estremecimiento nervioso y acaso tranquilizador me cimbró, pero ahora que sabía que iba a hacerlo, también comprendí que esta noche traería cosas nunca antes vistas o sentidas.

Jan regresó.

—Es la cosa más amarga que he probado —dijo riendo, y se sentó. La sombra de Raúl reapareció, e hizo señas a la persona a la izquierda de Jan, para que lo siguiera.

Finalmente llegó mi turno. Me acerqué con lentitud. El chamán era una aparición sentada en el suelo. Sólo su corona emplumada recibía la luz de la vela. Me paré junto a él muy quieto. Pronunció algunas palabras y me entregó una calabaza llena de un líquido amarillo. Dije una breve oración. Tomé la taza, le hice una reverencia, y bebí de un sólo trago. Tuve que luchar contra el ansia de escupir. El vino intoxicante estaba amargo en grado extremo. Raúl me pasó una botella de trago.

—Bebe, hermano —me dijo—. Sólo lo suficiente para paliar el sabor. —El quemante alcohol de caña cumplió su cometido, y le di las gracias a Raúl, hice una nueva caravana al chamán, y me encaminé a una de las "camas", una plataforma hecha de estacas de palma rajadas, lo suficientemente grande para que varios adultos pudieran tenderse.

Me quedé ahí viendo el techo. La música empezó de nuevo, esta vez era un violín de dos cuerdas. Apareció una visión del chamán haciendo el violín, tallando pacientemente con machete un trozo de árbol. El violín surgió de la madera, y lo vi colocárselo en el hombro, y aprisionarlo con la mandíbula para tocar.

Mi estómago empezó a gorgotear. Podía sentir la ayahuasca adentro, y cerrando los ojos, vi mis intestinos. Una corriente de líquido color anaranjado fluía a través de ellos. Me sentí levantado en vilo por la música y llevado por un río de jugo de naranja. El ritmo aceleró, y yo aumenté de velocidad. Mis intestinos eran color de rosa y morados, y yo pasé por ellos con gran rapidez. Sentí ligeras náuseas. Abriendo los ojos vi a Karen parada junto a mí.

Se sentó a mi lado y empezó a darme un masaje en el pecho.

—¿Cómo te sientes? —preguntó.

—Estupendo. —Yo quería decirle que también ella debía de haber tomado ayahuasca, pero decidí no hacerlo—. Creo que estoy en el cielo —dije. La música bajó de volumen. Escuché al fondo los chillidos de los conejillos de indias—. El cielo de los conejillos de indias. —Ambos reímos ruidosamente, y ella me dio palmadas en los brazos y en el pecho; pero yo no podía cesar de reírme.

—Despacio, hermano —la voz de Raúl emergió de mi risa, y sentí su mano sobre mi pecho. Su cara estaba cerca de la mía, y me habló susurrando—. Concéntrate. Tienes mucho que aprender aquí esta noche. Esfuérzate por vomitar.

Al retirarse tanto él como Karen, el sonido del tumank se aproximó a mí. Yo estaba volando sobre ciudades de otros tiempos. Era yo un pájaro gigantesco remontado sobre monumentos incas, mayas y aztecas, que estaban decorados con brillantes colores. Detrás de ellos estaba la jungla. Pensé en vomitar. Una pirámide maya hizo erupción con una explosión de líquido anaranjado, que cubrió el cielo. Empecé a levantarme, pero sabía que era prematuro hacerlo. Me concentré en mi estómago y comencé a temer que no iba a poder vomitar en lo absoluto. Me dominó el pensamiento de que el veneno podría permanecer dentro de mí por el resto de mi vida. Súbitamente sentí mucho frío, y deseé no haber tomado ayahuasca.

Me incorporé, bamboleándome del mareo. De pronto Karen estaba junto a mí preguntándome qué quería. Le expliqué que tenía mucho frío, y ella me ayudó a recostarme de nuevo y me cubrió con un cobertor. Yo cerré los ojos. Las antiguas ciudades reaparecieron. El violín se convirtió en tumank, y mi vuelo cambió con su ritmo.

Descendí a las antiguas ciudades y volé velozmente por pasadizos laberínticos. De cada lado, se alzaban grandes templos hacia un cielo muy azul. Los pasadizos estaban delimitados por máscaras gigantescas que me observaban al pasar volando.

Me di cuenta de que afuera alguien estaba vomitando. El o ella —intenté sin éxito, discernir de quién se trataba— parecía estar muy cerca, precisamente a mi lado junto a la pared. Emitía un sonido terriblemente doloroso que sacaba de quicio, como si el cuerpo estuviese regurgitándose a sí mismo, y pensé que quizás sería mejor, después de todo, que yo no vomitara. Recordé haber oído alguna vez que no todo el mundo necesita vomitar, y me sentí confortado con la idea. En eso, un movimiento en el techo, arriba de mí, captó mi atención.

Al principio eran solamente unas sombras. Después, lentamente, emergieron como un par de serpientes que crecían ante mis ojos. Se desenrollaban indefinidamente, alcanzando varias veces el tamaño de un hombre. Sus ojos eran como quemantes rescoldos, y parecían estar copulando. Me sentí atraído hacia las serpientes. Me incorporé hasta sentarme y noté que el mareo perduraba. Una de las serpientes se columpió desde el techo, incitándome a unirme a ellas.

Repentinamente, una persona pasó con rapidez junto a mí. Después otra. Ambas salieron. Se produjo una conmoción, las voces se hicieron más fuertes. La música se detuvo. Raúl estaba parado en el quicio de la puerta con un cuerpo en sus brazos. Se movió con rapidez llevándolo a donde estaba sentado el chamán cantando en voz baja.

Me invadió el pánico. La ayahuasca había matado a alguien de mi grupo, ¡y yo era responsable! Traté de levantarme, pero fui empujado gentilmente hacia atrás.

—Relájate Juan. —Era la voz de Rosa, una mujer shuara que hablaba español.

—¿Qué pasó? —pregunté, señalando al cuerpo que ahora yacía en el suelo, cerca del chamán—. ¿Quién es?

—Relájate, Juan. Es la doctora.

La pena me abrumó. Alicia Fieldstone había muerto. Empecé a llorar. Rosa me abrazó, murmurando palabras tranquilizadoras.

—Está *volando** —decía—, está *volando*.

De inmediato vi el alma de Alice volando sobre nosotros, luchando por librarse de ataduras terrenales. Sentí un desesperado impulso de jalarla hacia abajo, hasta que pude ver dentro de sus ojos, y noté algo ahí que me tranquilizó. Ella estaba en paz, y su paz me llenaba de una sensación de tranquilidad.

—Estoy bien —dije, y me puse de pie. Esta vez, Rosa no intentó disuadirme. Fui a donde estaba tendido el cuerpo de Alice. Raúl estaba hincado cerca de su cabeza, como si se encontrara en oración. El chamán se inclinó sobre ella. Levantó su blusa y colocó la boca sobre su estómago. Entonces, empezó a succionar.

Hizo ruidos fuertes y violentos. Yo veía a su alma revoloteando arriba, resistiendo sus esfuerzos por recuperarla. Quería llorar, pero viendo dentro de esos dos ojos, me di cuenta de que no podía. El chamán se enderezó, se inclinó hacia un lado, y vomitó.

Descubrí que estaba de nuevo en mi propia cama. Rosa se paró y se retiró. El alma de Alice se alejó de mí y cerré los ojos. Las ciudades antiguas retornaron; pero ahora el cielo era amenazador

---

* N. del T.: En español en el original.

y negro. Empecé a volar por los pasadizos. A los templos que me rodeaban les brotaron brazos. La máscara hizo una mueca. Los brazos trataron de asirme. Aumenté de velocidad, pero unos tentáculos se estiraron y me arrancaron de mi viaje. De pronto, estaba elevado sobre los pasadizos lanzándome a través del espacio. Un momento de tranquilidad, cedió el paso a una visión de lo que estaba abajo: una tierra inundándose en gran cantidad de sangre, y punteada de cabezas seccionadas y máscaras de la muerte mirando de reojo. Había yo rebasado mi resistencia. Abrí los ojos, y escuché a alguien regurgitando. Una gran oleada de náusea recorrió toda la choza.

Me paré muy despacio, y me dirigí a la puerta lloriqueando sin poder controlarme. Una voz me gritaba continuamente:

—Tienes que vomitar —me exigía—. Tienes que vaciarte del veneno mortal de la perversa ayahuasca.

Afuera, caí inmediatamente de rodillas y traté de vomitar. Grandes espasmos dislocantes subían ondulantes de mis intestinos, pero nada salía. Estaba destrozado y atemorizado por las náuseas secas que me causaban agudísimos dolores.

Una mano pasó por mi frente, y otra presionó la parte posterior de mi cabeza.

—Concéntrate, Juan. Vomita —me decía Raúl.

Pero yo no podía hacerlo. Le miré a los ojos y le pregunté por Alice.

—Volando —me dijo—. No debes de preocuparte por ella. Concéntrate en tu propio viaje. Vomita. Alicia está en otra tierra.

—No logro vomitar —dije, y me incorporé. Mis pantalones estaban cubiertos de lodo. El alma de Alice voló hacia una estrella distante. Se hizo pequeña y pequeña, hasta que finalmente, desapareció. Creí escuchar su voz, mientras Raúl me ayudaba a recostarme en mi cama.

—Concéntrate —me dijo. A través de mis párpados cerrados, le vi regresar al sitio donde él y el chamán habían trabajado con

Alice. La música de violín reanudó. Parecía lejana y triste. Alice estaba recostada en la hamaca, donde estábamos antes de empezar todo esto. Me hacía señas.

—Te amo —le dije—, pero no estoy listo para irme contigo. ¿Por qué no regresas? —Ella sonrió dulcemente. Sacudió la cabeza y me dijo:

—Tienes que vomitar.

Un grupo de personas se apiñaba en un rincón. Por la forma en que gesticulaban, se veía que estaban agitadas. Se desplazaban hacia mí como una sola persona, y hacían un ruido zumbador cargado de enojo, como el de las abejas defendiendo a su reina. Agitaban los puños. Uno de ellos dio un paso al frente, y anunció que ellos eran la familia de Alice. Estaban dispuestos, me dijo, a destruirme a mí y a mi familia. Me enviarían a la cárcel, y harían la vida imposible a mi esposa y mi hija.

—Tengo que vomitar —exclamé, luchando por sentarme de nuevo.

Sintiendo profunda lástima de mí mismo, me quedé ahí sentado. Repentinamente, como si el techo de la choza hubiese sido arrancado, una potente luz inundó la estancia. Me volví a recostar. Una sensación de fuerza se apoderó de mí. La luz era un lago de energía; alimentaba a un enorme río que desembocaba en mí. Me sentí crecer. Sabía lo que debía de hacer. Saldría caminando de la selva, en un momento tendría a la mano un transmisor de radio y llamaría a un helicóptero de la Fuerza Aérea norteamericana que llevaría a Alice a un hospital de Miami, y se curaría. Me puse de pie.

Era más alto que los más altos árboles. Mi cabeza atravesó el techo de la choza. Las estrellas brillaron sobre mí. Entonces me percaté de lo insensato de mi plan. Ningún doctor americano podría curar a Alice. Me volví a sentar y jalé mi cuerpo hacia adentro de mí hasta que alcanzó su tamaño normal. Sabía que Alice estaba en las mejores manos posibles.

Salí por la puerta al aire de la noche. Mi mente estaba despejada. Podía ver como si fuese de día y el sol estuviera brillando a plenitud. Alguien había tomado asiento en una piedra. Yo no podía creerles a mis ojos.

—¿Alice?

Volteó hacia mí, y me tendió la mano.

—¡Estás viva! —Nuestras manos se enlazaron. Las suyas estaban cálidas.

—Pues claro —dijo—. Pero aún no he vomitado.

Arrojé mis brazos a su alrededor en éxtasis.

—Creí que habías muerto.

—Estoy bien viva. He andado volando.

—Te amo —le dije, y pensé en esa palabra, *volando*, de pronto tomó nuevo significado. Luego, sintiendo que ella necesitaba estar sola, me fui alejando. Me sentí tan consolado, tan agradecido, tan eufórico, que me hinqué en el lodo, y silenciosamente le grité mi agradecimiento a Dios, a Jesucristo, y a la jungla.

Una rama llena de hojas se extendió hacia mí. Era fosforescente. La toqué, y al hacerlo, la escuché hablar.

Tonto, creíste que *volando* significaba muerta. Dejaste que se impusiera lo negativo. Ese es el patrón de toda tu vida. Que esta experiencia con Alice te sirva de lección. Elimina lo negativo.

Empecé a llorar. Me arrastré por el lodo hasta el tronco de un árbol y me abracé a él. Me sentía en deuda con esta planta por la sabiduría que había impartido. Lloré en su corteza, dándole las gracias con todo el corazón, sabiendo que estaba en lo cierto, y que siempre recordaría esta lección. Pensé de nuevo en vomitar, y al hacerlo, comprendí que esto era otro impulso negativo. Había dejado que el temor de no vomitar me controlara. Como mi actitud hacia Alice, había permitido que me dominara, que socavara mi energía y desvirtuara mi experiencia de aquella noche. ¡No lo toleraría ni un momento más!

Lentamente me puse de pie, y entré a la jungla; el lodo se escurría por la parte alta de mis botas. Alcanzaba a ver a mi amigo

Gary junto a la choza, enviándome una vibración para hacerme saber que estaba ahí por si lo necesitaba, pero que no interferiría. El olor del follaje y del lodo orgánico, me envolvió como una cobija. Era tan intenso que podía sentir la cobija y verla, gris, tibia, y amable. Me hinqué en el lodo y abrí los brazos a mis lados. La energía del bosque entró a mí. Entró con ritmo, como el de un tambor, vibrando desde el cielo a través de los árboles y de las plantas, tomando más poder al acercarse y taladrarme. Podía verme a mí mismo hincado ahí, con los brazos abiertos, la cabeza en dirección de las copas de los árboles. Y también podía ver para abajo, como si estuviera en una rama, y observar las saetas de luz fluir a mí como flexibles ondas dc energía que rodeaban mi cuerpo como lanzas y transmitían poder a cada uno de mis poros.

Júbilo puro, euforia. Me sentí totalmente unificado con el bosque, el lodo, y la noche que me rodeaba. Podía ver a gran profundidad dentro del planeta mismo, podía sentir la energía latiendo hacia arriba desdc las capas y capas de ondulantes minerales, podía oír el magma hirviendo, oler la lava derretida, saborear lo verde de la vida, y asimismo podía, simultáneamente, escuchar la canción de estrellas distantes, como si el universo dentro y fuera de la Tierra, estuviera interconectado de alguna manera que nunca había yo imaginado , pero que ahora parecía obvio, práctico, y en gran proporción, parte de mí.

—Shhhh —suspiró el viento entre los árboles, añadiendo—: ¿Qué debo hacer?

Se produjo un largo silencio. Toda la energía que había fluido hacia dentro de mí, los olores, sonidos, visiones, sabores y sentimientos, se fundieron formando una bola alrededor de mi corazón. Vi hacia abajo y me vi hincado en el bosque. La bola se expandió en mi pecho. Clara como el cristal, y latiendo con luz, creció y creció hasta que me envolvió. Mc levantó del lodo y me subió al árbol, donde me uní conmigo mismo.

—Sálvanos —dijo el viento.

Los árboles hicieron una leve reverencia.

—Sálvanos —repitieron.

—Trataré de hacerlo —les prometí. Acaricié al árbol y luego volé como una lechuza silenciosa hacia donde se encontraba parado Gary.

Me abrazó. Y yo supe que él quería regresar a la choza para escuchar la música del chamán.

Esa noche, la música estaba magnífica. Poco después de volver a la choza, sentí que la ayahuasca se precipitaba hacia mi garganta. Corrí al exterior, y vomité. La noche se tornó pacífica y hermosa. El chamán y su familia cantaron un sonsonete y tocaron sus instrumentos hasta la primera luz del amanecer. Yo flotaba sin rumbo en diversos niveles de realidad totalmente separados de nuestras percepciones normales del tiempo y del espacio. Me di cuenta de que podía viajar por muchos universos simultáneamente. No era tan importante que fuesen universos paralelos, sino que todos fuesen uno, y yo salía y entraba a esa unidad en tal forma que podía experimentar cualquier cosa. Las barreras que erigimos alrededor del tiempo y del espacio, perdieron sentido. No las destruí; simplemente comprendí que no existen más que como palabras que dan forma a nuestras percepciones, y en el proceso, absorben tal energía que, si se les permite, controlan nuestras acciones.

Muchos meses después de aquella noche, Alice me dijo que el chamán le había sacado la ayahuasca, succionando. El había descrito eso —a través de un intérprete— como "reduciendo la potencia". Me dijo que ella había estado inconsciente cuando Raúl la llevo en vilo a la choza. Recordaba haberse sentido débil cuando se paró en un claro. Sus rodillas se doblaron. Después cesó el recuerdo, hasta que se encontró recostada en el suelo sucio, y el chamán estaba succionando sobre su estómago y vomitando. En un momento más, recuperó sus fuerzas. Al principio seguía creyendo que tenía que vomitar, pero poco después de que la descubrí sentada en una piedra, se percató de que la ayahuasca había sido sacada por el chamán. Nunca llegó a vomitar, ni se sintió enferma.

También me dijo que el chamán le había preguntado qué más necesitaba curación. Durante varios años había sufrido en forma severa de migraña, y se lo dijo. De inmediato se puso a trabajar succionándola y dándole masajes. Jamás ha vuelto a tener migraña.

Entonces Alice hizo una confesión notable. Creía que, posiblemente, en verdad había estado muerta durante el lapso transcurrido de cuando se le doblaron las rodillas, a cuando el chamán la revivió. No recordaba absolutamente nada de ese rato, sólo que, "viendo hacia atrás, siento que estuve muerta". Viniendo ésto de una doctora bastante conservadora, que perteneciendo a la Asociación Médica Americana, ha estado practicando la medicina en los Estados Unidos durante más de veinte años, me pareció una declaración extraordinaria. Y aún me lo parece.

7 Un viaje personal

Varios meses después regresé a Ecuador con otro grupo. Ese viaje resultó ser especialmente fuerte para mí, debido en gran parte al trabajo que hice una noche con Kitiar. Creo que lo que experimenté esa noche vale la pena de describirse. Mi viaje personal no solamente proporciona mayor comprensión de las formas en que trabajan los chamanes, sino —y quizás más importante aún— que nos muestra cómo podemos alterar nuestros sueños para crear una sociedad que haga más honor a la Tierra, redefina nuestra relación con el mundo inmaterial, y redirija nuestras energías hacia un mejor equilibrio entre la gente y la naturaleza.

Cuatro de nosotros habíamos decidido tomar ayahuasca. Mientras los demás cenaban, nos preparamos tamboreando y cantando en la choza donde se realizaría la ceremonia. Uno de nosotros, un joven músico, había llevado una guitarra eléctrica de baterías, que había construido especialmente para poder desensamblarla y cargarla en la mochila. El y las dos mujeres habían asistido a mis talleres de trabajo en los Estados Unidos, habiendo surgido desde entonces una amistad, por lo que ahora nos sentíamos privilegiados por poder estar compartiendo esta noche.

Tendidos en hamacas cerca del fuego, veíamos afuera la noche del bosque. La guitarra cantó melodías misteriosas que formaron un puente entre el mundo de metal y computadoras del que veníamos, y este de viñas y tierra que nos rodeaba, y llenaba nuestros sentidos.

Estiré el brazo y tomé la mano de Samantha, y sentí su hamaca mecerse al tomar ella la mano de Lydia. Las manos de Jim estaban ocupadas con la guitarra. Pense en los mundos paralelos de los que tanto había discutido, y luego, dándome cuenta de la futilidad de sólo pensar en ellos, los sentí intuitivamente. Esos mundos me estaban rodeando, penetrando en mí; eran parte de mí. "Todo uno", dije.

—Vaya si eso es cierto —respondió una voz femenina.

El sonido de su voz me sacudió. Tuve un momento de pánico al darme cuenta que estaba a punto de tomar de nuevo el vino de la muerte. Pensé en Alice y me pregunté cuánta gente habrá muerto, o simplemente no regresado, por tomar ayahuasca. ¿Quién la necesita?, pensé, y luego me respondí que nadie. Pero yo tengo un trabajo que realizar. Sabía que compartir esta ceremonia, y esta planta con Kitiar, me habría de ayudar. Valía le pena el riesgo.

Kitiar llegó. Nos paramos para estrecharle la mano. Su energía me electrificó. No recordaba que fuese tan fuerte. Mientras volvíamos a las hamacas, empezó a tocar su arco de boca, el tumank. Los otros participantes fueron entrando lentamente a la choza. La música de Kitiar traía magia. Los shuaras dicen que llama a los espíritus que son todos uno. Yo podía sentir su presencia, nuestra presencia, en la música, el chisporroteo del fuego, el aire, y las estrellas. Kitiar invitó a la guitarra de Jim y a mi tambor, a unirse a su tumank.

Entonces dejó de tocar. Los únicos sonidos que se oían eran aquellos hechos por los millones de espíritus que le daban serenata al bosque todas las noches. Reanudó su canto, y uno por uno cada uno de nosotros fue llamado a tomar la ayahuasca.

Estaba espesa y amarga. Supe de inmediato que Kitiar me había dado una dosis altamente concentrada. Raúl estaba parado cerca, y me pasó una botella de trago. A pesar de que tomé un poco, el sabor amargo persistió.

Cuando regresé a mi hamaca, me sentí un tanto aprensivo. Pero no podía dar marcha atrás. Miré hacia afuera bajo las hojas de nuestro techo, y vi la silueta de una gigantesca palmera delineándose contra el cielo estrellado. Me elevó lejos de este mundo de penas, a uno de alto sentido de conciencia. Me sentí relajado. La tranquilidad de la noche me envolvió como si fuese una suave manta.

Vislumbré el rostro de Kitiar allá en las estrellas. El tatuaje de puntos negros y azules a través de su nariz, me recordó mi viejo pasado. Tiempo atrás, al final de los 50's, cuando estaba estudiando con la señora Simpson, él ya andaba por los cuarenta años, y era un poderoso chamán guerrero que había tomado las cabezas de feroces enemigos. Al ver su cara sonriéndome desde el cielo, comprendí que su espíritu no estaba limitado por el tiempo. Incluso su mundo material era incomprensible para la mayoría de la gente del mío, acaso un remolino de fotografías a color y resmas de explicaciones antropológicas. Sin embargo, tanto él como yo compartíamos algo comunal. En estricto sentido, él, el fotógrafo, el antropólogo, y yo compartimos todo. Lo compartimos con el ingeniero y con los trabajadores de la construcción que pavimentaron los bosques, así como con los científicos de blancas batas que desprecian las curaciones de los chamanes. Todos vivimos en mundos paralelos de muchos niveles. Todos nosotros somos uno, gracias a la unión de nuestros sueños. Todos nosotros somos tan viejos como Kitiar.

El sonido de una flauta de madera penetró a mi conciencia. Kitiar había puesto a un lado el tumank, y había tomado la flauta. Subí en sus notas hasta lo más alto de la palma. Las estrellas me rodearon. Miré hacia abajo y mi vista penetró a la choza donde la ceremonia de la ayahuasca estaba teniendo lugar. Sentí mareo. La bilis ascendió de mi estómago a mi boca. Me rodé de la palma y me encontré tambaleante afuera de la entrada de la choza. Sentí náuseas, pero sólo pude arrojar un poco de bilis.

Me senté en un tronco. Una mano me tocó el hombro.

—¿Estás bien, Juan?

—Muy bien —respondí, mirando a Raúl a los ojos—, pero aún no logro vomitar.

—Lo harás —dijo, sentándose a mi lado—. Es una noche hermosa, con luna llena.

Sus ojos se enfocaron en el cielo a mis espaldas. Mareado, traté de voltear, pero hacerlo me significaba un esfuerzo increíble. Mover mi cabeza era una empresa monumental. Por fin vi la luna, brillante, llena, y enmarcada en un brillante anillo blanco. La vista me quitó la respiración.

—Caramba —dije—, esto es sagrado.

—Sí —convino Raúl—. Una noche especial para la ayahuasca. Otra noche especial para ti.

—Ayúdame Mamá Kilya —pedí, a la vez que levanté las manos para solicitar el poder de la luna—. Ayúdame a vomitar para poder seguir adelante con lo que debo hacer.

De inmediato empecé a vomitar violentamente. Raúl me auxilió a inclinarme hacia adelante, deteniendo la cabeza en la misma forma en que solía hacerlo mi madre cuando me enfermaba de niño. Había ayunado por más de veinticuatro horas, y me sorprendió el volumen de lo que arrojé.

—Ayahuasca pura —dijo tranquilizadoramente Raúl—. Pronto te sentirás mejor.

El vómito se transformó en diarrea. Raúl, como un ángel de misericordia, me confortaba. Me dijo que la fuerza purgante de mi dosis de ayahuasca se reflejaría en el viaje que iba a hacer. Después de lo que parecieron horas de agonía, me ayudó a caminar de regreso a la choza. Seguí pensando sobre la muerte. Sabía que parte de mí había muerto, y que ahora el vino del alma se haría cargo. Tenía tranquilidad, pero al mismo tiempo me sentía exhausto y mareado. Raúl parecía entender exactamente cómo me sentía. Me guió con gran ternura y compasión. Más adelante me daría yo cuenta que esa noche se creó entre nosotros un vínculo eterno. Me llevó a una banca y me ayudó a recostarme. Nan se aproximó con una botella de agua y me detuvo la cabeza mientras daba unos tragos. Habiendo estado conmigo, así como tomado ayahuasca en un viaje anterior, ella comprendía muy bien lo que estaba experimentando.

Raúl, Nan y yo conversamos tranquilamente durante un rato. Bebí más agua y mordisqueé un galleta salada. Entonces Rosa, la mujer shuara que me había ayudado cuando creí que Alice había muerto, se nos acercó.

—Kitiar está complacido de que Juan se haya purgado bien —dijo. Tocó mi hombro, y añadió—: Ahora, ven a él.

Una vez más me ayudó Raúl. Caminamos a través de la choza, y yo me recosté en una plataforma cerca de Kitiar. El chamán estaba tocando de nuevo su tumank. Entonces se paró silenciosamente de espaldas al fuego. Desde mi perspectiva, recostado ahí en la banca, abajo de él, parecía gigantesco. A través de Rosa, me preguntó qué necesitaba.

Le hice un resumen de mi experiencia previa con él y la ayahuasca, mi diálogo con la selva y mi compromiso de salvarla. Entonces le expliqué que, aunque había hecho algunos progresos, sentía como que recientemente había encontrado una barrera.

—No sé lo que es —le confesé—. Acaso falta de dirección o de valor, o quizás necesito más paciencia y más creatividad. Me confunde esto. Todo lo que sé, es que he tropezado con un obstáculo. Creo que necesito su ayuda.

Sin pronunciar una palabra, empezó a cantar. Se inclinó sobre mí y sacudió unas ramas con hojas sobre mi cuerpo. Sentí viento soplando a través de mí. Las hojas me barrieron la cara, bajaron a mi pecho y brazos, siguieron por mi estómago, y las ingles, hasta llegar a mis piernas y mis pies. Al pasar por mis dedos gordos volví a sentir el viento, como si estuviera succionándome algo, y sacándolo a través de las plantas de los pies, para luego transportarlo muy lejos. Al mismo tiempo, tenía la clara sensación de que me iba elevando lentamente sobre la banca y quedaba suspendido en el aire. En ese momento, tal sensación me pareció de lo más natural, sin el menor vestigio de peligro o de ser algo inusual.

Cuando terminó, me di cuenta de que mis ojos habían estado cerrados. No recuerdo visión alguna, solamente la sensación de la levitación. Los abrí, y vi a Kitiar sentado en un banquillo junto a Rosa. Ambos sostenían una larga conversación en shuara. Después de que terminaron, Rosa se dirigió a mí.

—El ha desvanecido la barrera —dijo—. Ahora ya puede continuar con su misión. Busque la guía de sus pilotos interiores, haga preguntas, y siga el camino sin temor. —Hizo una pausa. Él dijo algo—. Sí, sin temor. Eso es muy importante.

—¿Eso es todo lo que dijo? —pregunté, recordando la extensión de sus palabras.

—Sí, ¿no es suficiente? —Y me percaté de que mi pregunta había resultado impertinente—. El mensaje sí lo es. Lo llevaré en el corazón. Es sólo que tuvieron ustedes una conversación tan larga...

Ella se rió entre dientes.

—Es problema del lenguaje. El shuara es mucho más rico que el español en estos asuntos. —Habló con Kitiar, y ambos se rieron con ganas. Luego él se puso de pie, y murmurando algo, se encaminó hacia la hoguera.

—Haz preguntas —me dijo ella, y fue a reunirse con él.

Raúl me acompañó a la hamaca, me acosté, cerré los ojos, e inmediatamente vi figuras geométricas y largos pasadizos plenos de recovecos. Viajé por uno de ellos y llegué a una puerta cerrada, pesada y ominosa. Cuando le pedí que se abriera, se burló de mí. Así que me salí de ese pasadizo, y me metí a otro que me llevó a una nueva puerta, aparentemente menos amenazadora; esta puerta se abrió.

Me encontré en una habitación pequeña. En el suelo había un

buldozer en miniatura hecho con bloques de plástico marca Lego. Mientras estaba yo ahí parado, creció de pronto hasta tornarse muy grande, del tamaño de los verdaderos. Ya no era un juguete. Su motor arrancó con un rugido directamente hacia mí, y entonces, en el último momento, dio un viraje para evitar golpearme, estrellándose contra la pared a mis espaldas. Para mi gran sorpresa, la pared no se desmoronó, sino que simplemente se desplazó hacia atrás. El buldozer la empujó muy lejos, hasta la orilla del horizonte. Las demás paredes se estiraron con ella en tal forma, que quedé parado en una estancia larga y angosta.

El buldozer se regresó hacia mí. Dio vuelta, y embistió una de las paredes laterales, empujándola, como a la anterior, hasta la orilla del horizonte. Este proceso se repitió con las dos paredes restantes. Ahora estaba yo parado en una habitación enorme, cuyas paredes hacían horizonte. El buldozer había desaparecido. Recordando las palabras de Rosa, pregunté:

—¿De qué se trató todo eso?

Apenas había sido formulada mi interrogante, cuando escuché una voz clara y profunda.

—Tu mundo debe empujar hacia atrás sus paredes. Ayuda a tu gente, a tu cultura; extiende sus límites de comprensión. La arrogancia de tu cultura los ha atrapado a todos en una prisión. Empuja hacia afuera. Incrementa la sabiduría. Desplázate a nuevos patrones de pensamiento que no estén confinados por las paredes de la historia reciente.

La visión se desvaneció, y ahora estaba yo viajando por otro pasadizo. Traté de concentrarme en el mensaje que había recibido, pero otra voz me dijo que lo dejara ir. "Ya lo recordarás", me aseguró. Salí disparado del pasadizo, con rumbo al cielo.

Una bandada de lo que yo tomé por pájaros, voló muy alto; eran apenas unas motitas en las nubes. Escuché un ruido sordo y rugiente. Descendieron sobre mí. Sorprendido, vi que eran aviones. Al frente estaban los hermanos Wright. Tras ellos, venían elegantes biplanos, seguidos por modelos de la Segunda Guerra Mundial, luego los grandes aviones de hélice tetramotores, y finalmente, los modernos jets. Me abrumaron, ensordeciéndome con el sonido de sus máquinas, cada grupo más ruidoso que el anterior. Los vientos que generaban eran de una fuerza aterradora.

Súbitamente desaparecieron, tan repentinamente como habían aparecido. No hubo voz alguna para explicar su presencia, pero sentí que acaso más adelante, podría yo entender su significado.

Abrí los ojos, tomando consciencia de pronto de que Kitiar había estado tocando su violín, y había cesado de hacerlo. La choza estaba obscura, a excepción de un sólo toque de luz, que supuse vendría de una vela cercana al sitio donde se encontraba el chamán. A pesar de la cobija que me cubría, mi espalda y mis costados estaban fríos, y recordé que la hamaca era muy delgada. Lamenté no tener a mano mi bolsa de dormir.

Permanecí silencioso viendo, a través de las paredes de la choza, la parte alta de la palmera donde había estado subido, y viendo también las estrellas a lo lejos. Me sentía calmado, no obstante tener escalofríos. Parecía que habían transcurrido horas mientras esperaba que la música continuase. Después de un rato, vi una sombra y creí reconocer a Raúl cerca de la puerta.

—¿Raúl?

La sombra se acercó a mi hamaca y confirmó pertenecer a Raúl. Le pregunté si iba a haber más música.

—Esta noche no, hermano —replicó—. Kitiar está volando. Me preguntó cómo me estaba sintiendo, y cuando le dije que había sido una noche magnífica, me dio una palmada en la rodilla, diciéndome que apenas había comenzado. Luego me sugirió que me pasara a un cuartito cercano a la choza, donde había dejado mi bolsa de dormir.

—Estarás más caliente ahí, y podrás continuar tu viaje. —Me ayudó a levantarme. Me tranquilizó notar que el mareo había pasado.

Mi bolsa de dormir estaba caliente. Era como una cueva acogedora, un capullo, o el seno materno. Raúl se retiró. Escuché ruidos que eran como susurros de la selva, y estuve tentado de levantarme y salir a caminar por el bosque, como lo había hecho la vez anterior. Pero otro sonido cautivó mi atención. La estancia estaba llena de gente. Cuando me concentré, pude ver sombras arremolinándose por ahí. Enderezándome para enfocar mi atención, pude identificar a varios individuos, viejos amigos de mi infancia, secundaria, y preparatoria. Se abrió la puerta, y entraron más, ahora sí, con toda claridad veía un desfile de personas que había conocido y querido en el curso de mi vida. Me dirigieron miradas de ánimo; algunos sonrieron, otros me tocaron con afecto. Había música de fondo, música de tumank. Varios de mis amigos bailaron con la música de Kitiar. Después de una bella y prolongada fiesta, se fueron.

Entonces me vino a la cabeza el pensamiento de que no había hecho preguntas, como Kitiar me había dicho que hiciera. Recordé el buldozer y me pregunté cómo se supondría que iba yo a empujar los límites. Especialmente ¿qué debía yo de hacer?

Un enorme automóvil irrumpió en la habitación, casi atropellándome. Su claxon, como una trompeta, dio un alarido ensordecedor. Me sentí aterrorizado. Repentinamente, estaba yo rodeado de automóviles, negros, gigantescos y siniestros. Salté de la cama y empecé a correr, pero ellos me tenían bloqueado. Sus motores me rugían. Sentí que me congelaba. Estaba inmovilizado, completamente a merced de su ira. Una voz se levantó sobre todo aquel espantoso ruiderío.

—Detenga a los coches —dijo.

—¡No! —grité—. No quiero esa respuesta.

—Lo sabemos, pero es necesario. Los coches son los enemigos de la Tierra. El metal y los plásticos. El combustible.

—Pero yo soy escritor, maestro —protesté—, no Ralph Nader*.

---

* N. del T.: Ralph Nader es, y ha sido durante muchos años, el adalid y protector de los consumidores norteamericanos en contra de los industriales y comerciantes inmorales.

Los autos se detuvieron y yo quedé rodeado por ellos.

—El automóvil es el símbolo de la voracidad materialista. Degrada al símbolo, y la enfermedad desaparecerá —dijo la voz, añadiendo ya con menos dureza—. Además, es posible que te sorprenda. Quizás no sea la cosa como la imaginas. Pelear contra los coches, puede ser divertido. Abrirá nuevas puertas.

Yo estaba parado frente a una de aquellas puertas que había visto con anterioridad. Se abrió mostrándome una grandiosa puesta de sol, que pronto se desvaneció en la noche. Me puse de pie. A mi alrededor todo estaba negro y silencioso. Regresé a mi cama y me acurruqué dentro de mi bolsa para dormir.

Concilié el sueño. Al despertar, me encontré un paquete de galletas en mi mochila, y salí a caminar por el río para comérmelas. Tuve la sensación de que ahí, mientras estaba en la proximidad del agua, había transcurrido otro día. Sentí un calor agradable, y adormecimiento por los sedantes sonidos de la burbujeante corriente y por estar rodeado del espíritu del bosque, así que regresé a mi bolsa para dormir.

Escuché música, y viendo hacia arriba, me sorprendió encontrar a una hermosa mujer bailando desnuda a mis pies. Se movía con gracia, sensualmente, ondulando su bello cuerpo en una luz suave que, vi, provenía de unas velas sostenidas por otra mujer desnuda. Cada una era increíblemente voluptuosa, y al sonar el tumank, cada una ejecutó una danza a mis pies, que era completamente distinta de la anterior. Las mujeres eran de distintas razas, y en mi opinión, los bailes representaban culturas de diversas partes del mundo. Estaba encantado y emocionado, pero más que nada, me sentía honrado por su presencia y la gran energía que me dedicaban. A poco me quedé dormido con los sonidos y aromas de sus cuerpos danzantes y un sentimiento de estar bañado de amor.

Desperté con la luz de la mañana y salí al aire libre. El mundo se veía fresco, como si hubiese sido purificado por la lluvia, sin embargo, estaba yo seguro de que no había llovido durante la noche. Me sentí rejuvenecido, como una persona que ha dormido durante días, y no sólo unas cuantas horas. Espié a Kitiar sentado con Raúl en la choza. Kitiar tomó su violín y se puso a tocarlo en tanto que yo me senté ante él sobre un taburete. De inmediato fui transportado a la noche anterior, y regresaron el buldozer, los aviones, mis amigos y los coches.

—Qué noche —dijo en español, poniéndose el instrumento sobre las piernas, y viéndome con alegría.

—Fue maravillosa. ¿Cómo podré agradecérselo?

Kitiar se inclinó lentamente a través del espacio que nos separaba, y se tocó con un dedo los tatuajes que decoraban sus mejillas y el puente de la nariz. Movió la cabeza muy despacio de arriba a abajo. Entonces, en su mal español, me fue recitando todo lo que había yo experimentado la noche anterior: mi ascenso a la palma, las figuras geométricas, los largos pasadizos, las puertas, el buldozer empujando hacia atrás paredes, los pájaros transformándose en aviones, y todos mis viejos amigos.

—Qué cantidad de magníficos amigos —comentó.

—Eso fue *mi* viaje —le dije totalmente sorprendido.

—Así es —respondió, con una sonrisa de satisfacción.

—Pero, ¿cómo supo todo eso?

—Yo viajé contigo.

Me sentí asombrado y honrado.

—¿Esto sucede con frecuencia?

—No, solamente a veces. Es algo muy fuerte. —Su sonrisa se tornó seriedad—. ¿Y qué hay de los coches?

—Supongo que tendré que hacer algo al respecto— dije mientras me preguntaba si en alguna ocasión habría visto un coche de verdad.

—Sí, más vale que hagas algo.

Entonces su rostro de viejo guerrero, rompió en un guiño infantil.

—¡Y qué mujeres! —dijo riendo entre dientes.

Sentí que la vergüenza me ruborizaba. Pero duró sólo unos

instantes pues comprendí que Kitiar, y no yo, había sido el guía.

—Sí —dije, y ambos reímos—. Eran magníficas.

Movió entusiastamente la cabeza, y me dio una palmada en la rodilla. Se puso de pie, dejando el violín sobre la banca. Se detuvo para recoger varias ramas con hojas que estaban a sus pies.

—Muchas gracias —le dije.

Me observó despacio y seriamente. Un tambor sonó a la distancia, indicando que el desayuno ya estaba listo.

—No hay de qué —dijo, y dando vuelta, empezó a caminar hacia el río. Se acercó a un viejo árbol retorcido, y se detuvo unos momentos, como si estuviese ensimismado en una conversación con él. Entonces, levantándose en las puntas de los pies, colocó sus ramas —las que había empleado en sus curaciones y las que habían borrado mi barrera— entre las ramas del árbol.

Retornó lentamente a la choza. Habiendo terminado con las curaciones, guardó su tumank, su violín, y su flauta en una canasta de mimbre suave que acarició con la mano tiernamente.

—Hemos ayunado durante suficiente tiempo, vamos a ver qué desayunamos.

Tercera parte

El viejo chamán

Manco estaba psiconavegando cuando los gringos entraron a su cuarto. No obstante que siguió navegando con Sinchi, observó muchas cosas sobre los visitantes. Traían cámaras. Hablaban incesantemente aunque en voz baja, en deferencia a Sinchi, supuso él, cuya presencia llenaba la habitación. Usaban la ropa y atuendos más ricos y perfectos que había visto jamás. A su alrededor se cernía un aroma que era como el jabón que vendían en el mercado de Quito, lo suficientemente "dulce" como para hacerlo volver el estómago. Sostuvo ante las narices una rama de ortigas y la sacudió varias veces.

De inmediato la habitación quedó en silencio. Afuera, el autobús dio un gruñido final, y se quedó dormido. Manco los atisbó a través de la rama. Esto estaba bien. Sonrió. Y todos ellos le devolvieron la sonrisa. Dirigió la vista hacia abajo, a las piedras sagradas que estaban a sus pies sobre un tapiz. Apenas podía ocultar el alivio que sentía. Sinchi le estaba facilitando las cosas. Se le escapó una risa ahogada al verlos..

La cosa más asombrosa de estos gringos no eran sus cámaras, su constante hablar, su ropa o su aroma. Era su tamaño. Dos de los hombres, eran unos gigantes que, calculó, pesaban cuando menos dos, quizás tres veces, más que su hijo de mayor peso. Hasta la mujer más baja del grupo, era tan alta como el hombre con mayor estatura de su familia.

Recogió una de las piedras sagradas y la movió ante sí haciendo la trayectoria de un arco.

"Que sueñen ustedes en hacerse más pequeños", cantó. "Que sus hijos requieran menos ropa, casas mas chicas, menos alimentos". Se acercó a

ellos. Sosteniendo la piedra al frente, caminó lentamente frente a la línea que formaba el grupo, acercando tanto la piedra a cada uno de ellos, que su energía se unió a la que había en sus corazones. "Que sólo crezcan a igualar mi tamaño, y que le den a Pachamama más de lo que le quiten".

Por las expresiones de sus rostros se dio cuenta de que ninguno había entendido ni una palabra de lo que había dicho. Pero no importaba; las palabras no habían sido para ellos. Se concentró en la piedra y en sus corazones. La piedra se puso fría. Sintió su tristeza y comprendió que el aspecto físico de esos gringos sólo era parte de otro sueño. Se detuvo. Dejó caer a su lado la mano que sostenía la piedra. Era un sueño de grandeza, de tener un crecimiento mucho más allá del deseo de Pachamama. Sintió pesado su propio corazón. Uña lágrima rodó por su mejilla.

Se colocó la piedra junto al corazón, y ésta se calentó de nuevo. Se sintió fuerte otra vez, y volvió a sostener la piedra al frente, reanudando su recorrido por la fila, y recordando que nunca había rehuido una tarea que le hubiese encomendado Sinchi, así como lo que había dicho el anciano de ser madre y padre de un nuevo nacimiento.

Al final de la línea sintió un jalón en el pecho. Al mismo tiempo, la piedra comenzó a vibrar. Se detuvo frente al gringo y clavó la vista en sus ojos verdes, que le sonreían. Ambos se quedaron quietos, frente a frente, viendo mutuamente sus almas; luego Manco dio un giro, y retornó muy despacio al tapiz que estaba en el suelo.

Se sentó, haciendo señas a los otros de que hicieran lo mismo. Sus manos describieron un círculo ante él, y sus huéspedes se acomodaron en rueda como les había indicado. Observó todas sus huacas, objetos sagrados que estaban ante él, las piedras, ramas recién cortadas, velas encendidas, botellas con jugo de caña de azúcar fermentado, frutas y huevos. Sintió un desequilibrio, no sólo entre las gentes, sino también en la alineación de las huacas.*

Surgió un cántico de su garganta, y todo fue ajustado hasta finalmente estar en equilibrio.

---

* N. del T.: En la mitología incásica, las huacas eran objetos que poseían un misterioso poder divino, y se conservaban en pequeños adoratorios del mismo nombre.

Se quedó viendo fijamente la flama de una vela, bloqueando todos sus sentidos físicos, incluso la vista, y fue jalado a un viaje a lo más profundo, al volcánico fondo, del Cotopaxi. La obscuridad lo abrumó. Sintió frío, a pesar de estar oliendo el azufre y respirando el humo de los fuegos más antiguos de Pachamama. El sabor de las cenizas purificó sus órganos internos y se sintió totalmente limpio, tanto por dentro, como por fuera.

Un súbito chillido perforó el silencio. Fuerte viento, con alas batientes, lo levantó elevándolo hasta sacarlo del cráter.

Abajo de él, Pachamama mostraba una capa de niebla sucia. Un olor, como el de los autobuses que van a Quito por la carretera, golpeó su nariz. Empezó a toser sin control. Las alas batientes del viento lo elevaron más, hasta llegar a un aire fresco. Pachamama lo llamó. Su voz era un lamento, sus palabras estaban apagadas. No obstante el esfuerzo de atención que hizo, no pudo entender qué era lo que le pedía.

Entonces las alas le fallaron. Se tambaleó y empezó a caer. A su alrededor el viento dio un grito. Su cuerpo estaba siendo destrozado. Caía a plomo. La niebla que cubría a Pachamama, se abrió. El pasó a toda velocidad por la apertura, y vio las cumbres de las montañas acercársele.

De pronto todo se detuvo. El ruido, la sensación, la caída. Revoloteaba sobre su hogar, y sobre el autobús estacionado afuera de él. Era una hoja, que caía flotando lentamente. Escuchó la voz de Sinchi diciéndole que curara a la mujer, y le enseñara al hombre. El se convertirá en tu discípulo.

La hoja se coló entre las pajas del tejado, y fue a reposar cerca de las piedras sagradas. La flama bailaba.

Manco observó a los rostros que lo veían a él desde su rueda.

—El círculo —dijo lentamente en el mejor español que pudo— es unidad. Nosotros somos uno. —Pasó la mano sobre todos los objetos sagrados y después extendió las manos hacia quienes lo observaban—. ¿Quién vendrá a este círculo para ser curado?

No le sorprendió ver que todas las miradas se dirigieron al hombre de los ojos verdes. Él tradujo. Hubo una pausa, hasta que ojos verdes habló por lo bajo con una de las mujeres. Ella dudó un momento, y luego se paró.

Manco le envió un animal poderoso, una llama, y después le hizo señas de que se le acercara. Ella entró al círculo.

—Tú también, ojos de selva —le dijo al hombre, riéndose en la forma que solía hacer que la gente se sintiera a gusto con él—. Y diles a todos cómo te acabo de llamar.

El hombre tradujo. Todos los gringos se rieron con Manco. Él dio una palmada en el tapiz. Siéntense los dos aquí, en el círculo.

Una vez ya acomodados, miró directamente dentro de los ojos verdes, y de nuevo sintió un tirón en el pecho. Este era el estudiante al cual se había referido Sinchi, De eso no tenía duda alguna.

—Esta mujer —explicó ojos de selva— tiene un problema específico. Un médico de los Estados Unidos le hizo un diagnóstico hace una semana. Quisiera hablarle de eso.

—¡No! —exclamó—. Deje que yo se lo diga a ella.

8
La curación

Raúl y yo quisimos llevar el grupo con Iyarina, una chamán otavalana de los Altos Andes que ya había trabajado previamente con nosotros, pero cuando llegamos a su casa, nos dijeron que había salido por unos minutos. Su marido nos animó a esperarla, insistiendo en que regresaría "en cualquier momento". Sin embargo, Raúl tenía la corazonada de que debíamos visitar a otro chamán, un viejo llamado Manco. Yo estaba cansado. Me agradaba Iyarina y me inclinaba por esperar. Entre más hablamos de eso, más insistente se ponía Raúl. No podía explicar por qué; solamente decía: "Ya verás, ya verás". Yo había llegado a conocer bien a Raúl y a confiar en él plenamente, en especial cuando se trataba de chamanes.

Ahora, mientras Pauline y yo estábamos sentados en el círculo frente a Manco, comprendí tanta insistencia. Su poder llenaba la habitación. Estaba yo seguro de que todos los miembros del grupo lo estaban sintiendo. Afuera, la noche andina estaba fría. Pero en el interior de la choza de aquel hombre existía una energía que nos calentó. No obstante que el único fuego era la llama de una vela, la gente se había estado quitando los suéteres y las chamarras desde el momento de entrar. Pauline me había pedido que le hablara sobre su tumor en el ovario, el cual había descubierto un ginecólogo de Nueva York pocos días antes. No me sorprendió que él se rehusara a escuchar el diagnóstico.

Además, había otra cosa respecto a él. Lo sentí cuando me miró

FIGURA 9: Chamán otavalano de 103 años de edad

a los ojos, pero no lograba definir qué era. Ahora, viéndolo prepararse a trabajar con ella, viendo la forma en que se movían sus brazos al tocar las piedras ubicadas ante él, así como al prender una segunda vela, tuve la intensa sensación de haber visto antes a este hombre.

Se llevó una botella de trago a los labios, y echando hacia atrás la cabeza se llenó la boca. Entonces arrojó una rociada sobre sus huacas. Pauline y yo quedamos bien empapados. Le expliqué por lo bajo que esto era una "limpia", procedimiento necesario antes de la curación. Por su mirada, me percaté de que se estaba arrepintiendo.

Manco nos regaló una amplia sonrisa mientras se quitaba el trago de la cara. La miró fijamente, y sacudió todo su cuerpo, como diciendo "Qué cosa tan desagradable, ¿no?" , y se rió en forma contagiosa. La expresión de complacencia que mostró el rostro de ella, me hizo saber que Manco había tenido éxito al procurar relajarla.

Se desplazó para acercarse a ella. Con su mano izquierda levantó una piedra verde y negra con forma similar a la cabeza de las hachas de los antiguos indios de Norteamérica. Ambas manos empezaron a moverse alrededor de su cabeza. Lenta, y amablemente, pareció sentir su aura.

Silbaba una melodía amable mientras trabajaba, y no obstante, era obvio que había entrado en lo que llamamos un estado alterado. Las manos bajaron por su cuerpo, acariciando el aire a su alrededor.

Al llegar a la cintura, se detuvieron. Su silbido se hizo más débil. Las manos continuaron moviéndose hacia abajo, pero con gran cuidado, como si estuviese explorando, o buscando algo. La mano derecha comenzó a cerrarse.

Ella lo observaba con una gran intensidad, que yo ya me había acostumbrado a ver entre los gringos que estudian el fenómeno de las curaciones chamánicas; pero con ella parecía haber una tensión adicional, y capté la aprensión de que era víctima desde que tuvo la cita con su ginecólogo.

—Aquí —dijo, y las manos se detuvieron. El gesto de ella me dijo que Manco tenía razón.

Sostuvo la piedra cerca de su abdomen. Su mano derecha se convirtió en puño

—Aquí hay algo como esto —exclamó, moviendo el puño.

Mi mirada y la de ella se cruzaron. Empecé a hablar, pero fui interrumpido por el silbido que se reinició.

Ambas manos se movieron, como palpando el campo de energía invisible que previamente se había establecido. Supuse que ella podría sentirlas oprimiéndola.

En ese momento, las retiró, y me dirigió la mirada.

—Qué edad tiene —me preguntó.

Hice la traducción, y le comuniqué que tenía treinta.

—¿Casada?

—No.

—Usted ha tenido un aborto —le dijo mirándola a los ojos.

Yo dudé, resistiéndome a hacer la traducción delante de los demás. Pero ella sabía. Quizás fue por la palabra aborto en español. Su rostro palideció.

—No —afirmó.

—¿No? —le preguntó, inclinando la cabeza hasta casi tocar su rostro con el de ella, pero sin dejar la menor duda de que estaba totalmente seguro de lo que había afirmado.

Ella volteó hacia mí, encogiendo los hombros.

—Tuve un parto malogrado —confesó— hace como dos meses.

Empecé a traducir. Al hacerlo, recordé que en español no hay diferencia entre las palabras parto malogrado y aborto; la palabra aborto se emplea para referirse a ambos casos. Le expliqué que el de ella había sido involuntario.

—Por supuesto —asintió con la cabeza. Y preguntó ceremoniosamente—: ¿Y el padre?

Ella bajó la vista hacia las manos, que descansaban sobre sus piernas.

—Usted no lo amaba —dijo Manco con suavidad.

Una vez más, me costó trabajo traducir lo dicho. Me sentí como un intruso. Cuando lo hice, sus ojos se humedecieron.

Estiró los brazos y tocó sus sienes con los dedos.

—Usted no deseaba a ese bebé. Su energía provocó el parto malogrado. —Vacilante, le traduje lo que él había dicho.

Me miró, con las lágrimas rodándole por las mejillas.

—¿Cómo puede él saber todo eso?

Sus palabras sonaron más a una súplica, que a una pregunta.

—La vida es sagrada —dijo Manco—, debemos tener mucho cuidado con lo que soñamos. —La tomó de las manos. Su ternura me recordó a mi abuelita. Su expresión rompió en una mueca desdentada—. Existen muchos modos de prevenir el embarazo.

Estas palabras provocaron una tentativa sonrisa por parte de ella. Volteó hacia mí. Su expresión volvió a tornarse seria.

—Su gente —dijo— debe aprender a separar los sueños de las fantasías.

Siguió un largo silencio. Manco fijó la vista en su vela. Pauline veía hacia abajo, en tanto que sus dedos jugueteaban con el cinturón. A nuestro alrededor, el cuarto permanecía en silencio. Yo sabía que los ojos de todos estaban clavados en Manco. Todos los presentes estaban pensando en qué más iría a pasar.

El silbido se reanudó. La llama bailaba entusiastamente. Tuve la impresión de que estaba muy retirada de Manco para que su bailoteo fuese efecto de la respiración de éste, pero puesto que no existía ninguna otra causa aparente, supuse que tenía que ser eso. La llama brincaba de un lado a otro. Una vez pareció estarse apagando, y entonces milagrosamente revivió. Esto me retrotrajo a mi niñez, cuando solía creer que veía a los espíritus de los guerreros algonquianos bailando en las llamas de nuestra chimenea durante las frías noches de invierno.

—¿Desea ser curada? —Su voz resonó en el silencio de la estancia.

Ella levantó la vista.

—Primero ha de hacerme una promesa. —Hizo una pausa—. Me tiene que prometer que regresara aquí dentro de dos años... —Ella intentó responder, pero él continuó—: ...con su nuevo marido y su hijo. —Una sonrisa iluminó la cara de Manco.

—¿Quiere decir que todavía voy a poder tener un hijo? —exclamó ella radiante de alegría.

—Sí podrá hacerlo.

Cuando terminé de traducir, podía sentir que la tensión había abandonado aquel lugar. Se suscitó un murmullo general, voces bajas, y se palpó la sensación de gente entrando en calma.

Manco se paró bruscamente. Se movió notablemente aprisa para un hombre de su edad. Tomó una silla del rincón próximo a la puerta, y la llevó al círculo indicándole a Pauline que tomara asiento. Luego le ordenó que se desnudara.

El proceso de curación se inicio de inmediato. Manco usó una combinación de técnicas comunes entre los chamanes quechua parlantes. Ejecutó cada una con gran seguridad y energía.

Roció una porción de trago a través de la llama de la vela, empapando varias ramas de ortiga. Mientras las ramas estaban aún envueltas en un halo de flamas, las sacudió violentamente contra la mitad superior del cuerpo de Pauline. Luego repitió esto sobre el área de los ovarios. Repitió la maniobra tres veces, siempre cantando por lo bajo.

Con gran ceremonia le dio un suave masaje con dos de sus piedras sagradas, sosteniendo una en cada mano, cubriendo con todo cuidado cada pulgada de su cuerpo, desde su cabeza, hasta la punta de los pies. Después la roció con una capa ligera de trago, seguida de un aceite fragante.

Desapareció a través de la puerta. A los pocos minutos regresó. Acercándose a ella, sopló. De su boca, como una parvada de mariposas, salieron volando pétalos de claveles. Se adhirieron al aceite y al trago que tenía en la piel. En los ojos de ella, se revelaba una mirada distante y tranquila.

Seleccionó un par de huevos de entre los que tenía ante sí sobre el tapiz. De rodillas, y sosteniendo los huevos frente al rostro de ella, cantó una prolongada canción en quechua. Al terminar, le colocó un huevo contra los ovarios y succionó violentamente sobre el cascarón. Luego, con gran rapidez, rompió el huevo, lo depositó en un recipiente de arcilla, y repitió el procedimiento con el otro.

Finalmente, se incorporó. Sostuvo el recipiente en alto, como si se lo estuviese ofreciendo al cielo, y se lo llevó al exterior.

Cuando regresó, sacudió sobre la cabeza de ella una hoja enorme, con forma de abanico, bajándole luego por ambos lados del cuerpo. Cantando suavemente, continuó haciendo eso durante varios minutos. Al final de cada pase, retiraba de ella bruscamente la hoja, como si tratara de extraerle algo del cuerpo.

Cuando hubo terminado, se paró detrás de ella, y haciendo un embudo con ambas manos, sopló en la parte superior de su cabeza.

Foto de John Perkins

FIGURA 10: Mujer otavalana con traje típico

Dando un paso atrás, dirigió la vista hacia mí, y dijo que iba a prescribir algunas hierbas que podríamos comprar en el mercado a la mañana siguiente. Luego la tomó de las manos y la ayudó a levantarse.

Toda la ceremonia se había llevado, cuando mucho, unos cuarenta minutos. Manco había consumido gran cantidad de energía en el procedimiento y para Pauline puede haber sido una experiencia exhaustiva, e incluso traumática. Pero, sin embargo, ambos se veían frescos.

Pauline le dio las gracias con todo su sentimiento, y luego se volvió a mí. Su rostro estaba refulgente. Alguien se le acercó y la ayudó a vestirse. Después echó sus brazos alrededor de mi cuello.

—¿Cómo podré agradecerte esto? —me dijo. Se aproximó a los demás, y fue rodeada por ellos, a la vez que le ofrecían algo con que arroparse, la abrazaban y le hacían preguntas. Alcancé a oír que les decía que las ortigas no la habían lastimado.

Me dirigí a Manco, y nuestras manos se encontraron.

—Hay otros aquí que necesitan una limpia —me dijo—. Después, quiero que hablemos a solas.

Manco curó a otras dos personas esa noche. Una era un médico de Chicago que sufría de un dolor crónico en el cuello. La otra había batallado durante años con dos discos herniados en la parte baja de la espalda. Los diagnosticó a ambos sin que nadie le hubiese hecho ningún comentario previo. Luego, empleó técnicas similares a aquellas que había usado con Pauline. Las dos personas sintieron mejoría inmediata. Eso se nos hacía evidente a todos no sólo por sus propios testimonios, sino también por su aspecto. Como ocurrió con Pauline, sus ojos tenían destellos, parecían, como alguien comentó, echar chispas.

Al parecer, Manco adquiría más energía al hacer sus curaciones. Nunca vacilaba ni dio signos de cansancio o de falta de concentración. Por el contrario, sus cantos se tornaron más robustos, y su cuerpo más animado. El único descanso se produjo cuando llamó a una nieta para que cortara más ortigas, pues al regresar con ellas entró a la estancia con un bebé atado a su espalda, y luego se presentó con cada uno de nosotros, pasando elegantemente alrededor del círculo luciendo su larga falda azul de lana, y su blusa blanca bordada, vestimenta tradicional de las mujeres otavalanas. Su bebé nos observó con sus grandes ojos cafés. Una o dos veces me pareció adivinar en el bebé una incipiente sonrisa, pero nunca hizo el menor ruido.

Yo estuve en un estado de constante tensión durante todo el tiempo, que debe haber sido aproximadamente de unas dos horas y media. No obstante que yo había sido testigo de curaciones similares, sentí que había algo especial en relación con ésta. No podía yo aclarar en mi mente la sensación de familiaridad que me producía Manco, ni el hecho de que me había pedido que me reuniera con él más tarde. Mis pensamientos volaban con frecuencia mientras estaba yo ahí sentado observándolo trabajar, pensando en por qué me habría distinguido como lo hizo, y qué sería lo que me iba a decir o a hacer.

En tanto que los otros salían lentamente de la estancia después de la última curación, yo me rezagué observando el tapiz y simulando examinar los objetos sagrados. Me sentí atraído a la cabeza de hacha. La levanté y a mí contacto entró en calor. Me le quedé viendo fijamente y sentí que estaba siendo transportado a su interior. Era como si aquella piedra negra me estuviese absorbiendo. En ese momento, una mano tocó mi hombro.

—Muy antigua —dijo Manco—, y muy poderosa. —Levantó mi mano que sostenía la piedra, y me la puso junto al corazón. Podía yo sentir a la huaca palpitando ahí, como si fuese un órgano viviente.

Tomó una de las velas, y me encaminó a un rincón. La llama iluminó un pequeño baúl de madera que había en el piso. Pasándome la vela, lo abrió y sacó algo de él. Luego se hincó ante el baúl y yo hice otro tanto. Metió el puño debajo de la vela, y lentamente abrió los dedos. Lo que vi, me quitó el habla.

Ahí, en la palma de su arrugada mano, se encontraba una bolsita de cuero que yo reconocí, aunque no podía ubicar dónde la había visto antes. Yo estaba estupefacto por aquello, incrédulo, y a la vez, lleno de curiosidad. Entonces los viejos sueños tempraneros desfilaron cual saeta por mi mente. Me le quedé viendo, asombrado al darme cuenta que ella había sido parte de mi vida durante largo tiempo. Al fin logré quitarle los ojos de encima, y entonces se encontraron con los ojos de él.

—¿Ha oído hablar alguna vez de los hombres-pájaro?, me preguntó, a la vez que fijaba su vista en la bolsita. Y la siguió mirando atentamente mientras describía yo la ceremonia del Hombre Pájaro a la que había asistido tantos años antes, durante mis tiempos en los Cuerpos de Paz: El sonido de los tambores, la melancólica música de las flautas andinas, la forma en que el círculo danzante de los quechuas, envueltos en capas de plumas, y revoloteando gigantescas alas de cóndor, entraban a estados alterados y volaban a recibir mensajes para la comunidad provenientes de sus antepasados.*

No mostró sorpresa alguna de que yo hubiese sido testigo presencial de tal ceremonia, de la que pocos no quechuas han oído hablar jamás, y menos aún, han asistido a una.

—Parte de la labor del hombre-pájaro —dijo— es remodelar la comunidad humana.

—No comprendo.

Me hizo una mueca muy especial, como si compartiésemos un secreto.

—Nada de juegos —fue todo lo que dijo. Y yo comprendí que había entendido el significado de su afirmación. Metió la mano de nuevo al baúl, y sacó una botellita, no más grande que mi dedo pulgar, y como dos veces más ancha.

---

* Esta ceremonia se describe en el libro *Psiconavegación: Técnicas para viajar más allá del tiempo* de John Perkins (Lasser Press, México 1995) Capítulo 4.

Nos paramos juntos, y caminamos hacia sus huacas. Apenas me di cuenta de las calladas voces de mis amigos cuando pasamos por el quicio de la puerta abierta. A través de ella, sólo pude ver estrellas sobre un cielo negro, sin signo alguno de personas. Nos sentamos a un lado del extremo de su tapiz, y yo acomodé la vela en el punto donde había estado durante las curaciones.

—Todas las comunidades necesitan ser remodeladas de cuando en cuando —dijo—. Ocurrió así cuando los incas nos conquistaron. —Jaló el corcho del cuello de una botella—. Y nuevamente cuando vinieron los españoles. —Puso el corcho y la botella junto a la vela—. Ahora es el momento de remodelar tu comunidad.

Sosteniendo la bolsita de cuero ante la vela, empezó a cantar. Era el cántico más suave que jamás había escuchado, apenas audible. Yo esperaba que aumentara de volumen, pero en vez de eso se terminó.

Frotó la bolsita entre sus manos, y luego me la entregó, indicándome que yo también debía de frotarla. Cuando terminé de hacerlo, la abrió y la volteó al revés sobre la palma de su mano. Buen número de pepitas doradas salieron de ella. Brillaban a la luz de la vela como si fuesen oro inca.

Levantó su mano, y vi que eran granos de maíz. Hizo un embudo con la palma de la mano, y tocando suavemente con ella la parte alta de la botella, observó con atención mientras los granos de maíz rodaban hacia el interior de la botella. Nuevamente cantó con la voz más baja imaginable.

Mientras escudriñaba en mi memoria para tratar de recordar algo que parecía revolotear en la niebla de mi subconsciente, él tomó una gran bocanada de trago. Extendió la mano que sostenía la botellita, y con la otra levantó la vela y la colocó entre la misma y su boca.

Roció el trago a través de la vela flamante tan repentinamente, que una pequeña explosión hizo eco en la estancia. La botellita parecía una bola de fuego.

—La semilla es el sueño de lo que ha de ser —dijo, y siguió cantando en voz baja.

Al irse muriendo la llama, observé su mano, pensando que se habría chamuscado; pero no había señal alguna de quemadura. Dentro de la botella, los granos flotaban en un mar de líquido ubicado donde se habían apagado los últimos restos de fuego. Manco puso de nuevo el corcho, y lo apretó con fuerza.

—Remodelar requiere solamente que modifiquemos nuestro sueño. Para lograrlo hemos de sembrar semillas nuevas.

Colocó la botella entre mis manos y la apretó contra ellas con las suyas.

Entonces su canto aumentó de volumen, pero no llegó al nivel que había alcanzado durante las curaciones.

—Mi maestro, Sinchi, me dio esas semillas —dijo mientras caminaba hacia la puerta—. Ahora son tuyas, y yo seré tu maestro.

Volteó encarándome, y me dio un ligero abrazo.

Nos detuvimos en el espacio abierto, justo afuera de la estancia, y observamos juntos la noche.

—Ven a mí para ayudar a tu gente. —Su voz era como su canto—. No necesitas estar en estas montañas para consultarme. Ven en cualquier momento.

9 Aprendiendo de Manco

Cuando tenía yo unos treinta años, pasé por la tensión emocional del divorcio. Durante varios años, requerí la ayuda de un psicólogo, quien me ayudó a modificar la forma en que concebía y enfocaba mi vida. Desde entonces, en tiempos de crisis emocionales, he escuchado la suave voz del doctor Bernie, urgiéndome a explorar mis verdaderos sentimientos, y a tratar de manejarlos con honestidad.

Sé que mi caso no es único. He hablado con muchas personas de todos los estratos sociales que han experimentado la presencia de fuerzas similares; frecuentemente se trata de los padres o de un maestro, cuya voz se escucha cuando se requiere de un consejo. No hay nada místico ni religioso en tales experiencias. Simplemente, es que respondemos a recuerdos de la forma en que se nos educó desde la infancia. Por ejemplo, cuando nuestros padres nos castigaban, nos decían cosas como: "La próxima vez que se te ocurra pensar en hacer eso, ¡recuerda lo que te estoy diciendo ahora!" Las recompensas por buen comportamiento están concebidas para obtener el mismo resultado. Los recuerdos de los elogios, son unas de las motivaciones más fuertes durante nuestra niñez, y quizás durante toda nuestra vida.

En el caso de Manco, era más que una voz. Su presencia es total. Lo siento, lo veo, incluso lo huelo. Yo viajo a sentarme junto a él, entre la abuela Cotacachi y el abuelo Imbabura.

A veces Manco asiste a mis talleres de trabajo en los Estados Unidos. Aunque enseña muchas técnicas para ayudarnos a estar más realizados en lo personal, más centrados y presentes en el momento, su meta es siempre la misma: enseñarnos a reconocer nuestra unidad con todo lo demás, y al hacer esto, remodelarnos para poder caminar hacia adelante y entrar a un nuevo sueño.

—Hacer *camay* —explicó Manco— es soplar unidad dentro de algo o alguien. En español no existe ninguna palabra que corresponda a esa idea. Incluso el concepto es difícil de expresar, pues parece que ustedes los norteños no creen en tales cosas. En nuestra vida, es un concepto muy importante, quizás el más importante. Nosotros tenemos varias palabras afines: churay, ruray y supay. Todas tienen que ver con la creatividad. Pero *camay* es la más fuerte y poderosa.

Se hincó delante de un viejo agave retorcido, una planta especial para la gente andina, parecida a la sábila, que pertenece a la familia de los magueyes.

—Mira, hace un año, esta planta parecía estar muerta. Yo *camayé* dentro de ella todos los días y mírala ahora. —La acarició amorosamente—. Vieja, pero bien viva. —Se puso de pie—. Todos somos uno. —Dio una vuelta lentamente en círculo, con las manos a los lados del cuerpo, y las palmas hacia afuera—. Cuando una de nuestras partes está fuera de equilibrio, otras pueden ayudarla. Es entonces cuando camayamos.

Un niñito se nos aproximó. Sin titubear, se prendió de la orilla del poncho de Manco y lo jaló. Manco le habló suavemente en quechua, y luego le te tomó la mano con la suya. Seguimos caminando.

—Cuando soplamos durante una curación, es una forma de camayar. Soplamos unidad en la persona enferma o lesionada, para restaurar el equilibrio.

—Algo así como una infusión de espíritu —comenté.

—Sí —replicó Manco, pero el tono de su voz parecía contener una interrogante. La vereda dio vuelta a la derecha alrededor de una loma.

—*Espíritu* es una palabra compleja. Las variantes de su significado dependen del idioma que se hable. En español, creo que no refleja la unión de todas las cosas, como lo hace entre nosotros.

Estuve tentado de argüir que el Espíritu Santo era, en verdad, un espíritu universal, pero me di cuenta de que la forma en que suele ser presentado, minimiza sus poderes, o al menos, los relega a un nivel impersonal.

—¿Cristo camayaba?

—Yo le he dedicado muchas horas a la iglesia católica —dijo, sin romper el ritmo de su paso—, es una religión difícil. Los sacerdotes están muy confusos sobre sus creencias. Hablan sobre ellas todo el tiempo, y sin embargo, tienen dificultad en su aplicación.

—Sí, por todo lo que he oído, Cristo fue un gran chamán. Él curó gente, animales y plantas. Curó piedras, ríos, minerales y el cielo. El camayaba.

Al terminar de darle la vuelta a la loma, se abrió ante nosotros una vista espectacular de Cotacachi. Me detuve.

—¿Manco, puedes camayar a la abuela Cotacachi?

—Ella es mucho más equilibrada que yo. Ella me camayea a mí. —Se río. Nos sentamos. El niño se subió a sus rodillas.

Le presioné un poco más preguntándole hasta qué punto podía una persona ser objeto de un proceso de camayeo.

—No existen límites, todos somos uno, todo lo que ves a tu alrededor y todo lo que está a lo lejos. Todas las estrellas del cielo nocturno y las que se alcanzan a ver. Si una parte de sueño maravilloso, está fuera de equilibrio, la soñamos bien. La camayamos.

—¿Así, que tu puedes camayar a la abuela Cotacachi?

—Si estuviese desequilibrada, sí; pero no lo está.

Foto de Ehud C. Sperling

FIGURA 11: Cotopaxi, el volcán activo más alto del mundo

—¿Y Pachamama?

—Si estuviese desequilibrada, sí —respondió mirándome—, pero no lo está. Somos nosotros, los humanos, los que necesitamos ser camayados.

—¿Puedes camayar a toda una especie?

Se produjo una larga pausa. Podía oír al niño tarareando una hermosa melodía y vi que no había entendido una sola palabra de nuestra conversación en español. Le acaricié la cabeza, y sus ojos me sonrieron, pero sólo fugazmente.

—Puede hacerse —dijo Manco—. Debe hacerse. Por eso estamos juntos aquí.

Me pareció el momento oportuno para traer a colación el asunto que me estaba enervando. Hacía poco que había entendido la causa de ese sentido de familiaridad que sentía hacia ese hombre.

—Yo soñé contigo hace muchos años.

—Por supuesto —dijo—, eso puede ocurrir.

—Pero esto fue diferente —exclamé, y le conté de los sueños

que tuve cuando era estudiante en el colegio Middlebury, sobre el niño que se convirtió en corredor quipu camayoc, y posteriormente los del viejo chamán que vivía en los altos Andes.

—Yo tuve esos mismos sueños —dijo—. Y se volvieron realidad. —Le hizo un cariño al niño que tenía sentado en las piernas, y continuó—: con los dos soñándolos, ¿cómo no iba a ocurrir así?

—Pero —protesté—, esos fueron sueños nocturnos; se produjeron cuando yo estaba dormido.

Apenas movió la cabeza de arriba a abajo, como asintiendo.

Yo llegué a la conclusión de que aún tenía mucho que aprender. Entonces una duda me asaltó, pero antes de poder planteársela, me preguntó si había meditado sobre la palabra *camayoc*.

Me dejó confundido, pues me había leído el pensamiento. La relación de esa palabra con *camay*, iba a ser mi pregunta.

—*Quipu camayoc* —Sonrió amablemente—. ¿Qué significa?

—Eran los corredores de relevos que enlazaban al Imperio Inca transportando mensajes con rapidez de un extremo al otro.

—No precisamente. —Hizo una respiración muy profunda, y exhaló lentamente—. Estrictamente hablando, eran intérpretes de los mensajes. Los mensajes, llamados quipus, tenían la forma de hilos de hilaza de colores con múltiples nudos que constituían claves muy difíciles de descifrar y leer. Estos eran llevados por corredores quipu camayocs, aquellos que habían sido entrenados para "respirar íntegramente" dentro del quipus, haciendo posible que se entendieran los mensajes. Ves, un quipu camayoc era algo así como un chamán cultural, una persona realmente muy poderosa, pues el futuro del reino podía estar descansando en su habilidad para camayar una pelota de hilo intrincadamente anudado. Para llegar a alcanzar este status, tenía que completar muchos años de entrenamiento. Una vez alcanzada la posición máxima, tenía, literalmente, los secretos del imperio en sus dedos.

El niño se bajó de sus piernas, y corrió tras una mariposa.

—Yo creo que en la actualidad, nuestras especies necesitan

algunos buenos quipu camayocs —dijo Manco— para desenmarañar la compleja red de nudos en la que nos hemos enredado.

—Las fantasías —afirmó Manco riéndose— son maravillosas. Todos las tenemos, y eso es bueno; pero no debemos confundirlas con nuestros sueños. Cuando yo era un hombre joven, codiciaba a la esposa de mi vecino, una mujer que había conocido como buena amiga durante toda la vida. Ahora que estaba casada y viviendo en la casa contigua a la mía, deseaba tener relaciones con ella. Fantaseaba todo el tiempo sobre ello. ¡Fantasías increíbles! Tan increíbles, que se convirtieron en mi sueño. Y por supuesto, se realizó. Los sueños siempre lo hacen. Además fue delicioso. Pero posteriormente... oh, ¡cuánto problema me causó! ¿Ves?, en realidad no debía de haber sido un sueño, sino solamente una bella fantasía. Mi confusión lastimó a mucha gente, y destruyó la amistad que ella y yo habíamos compartido previamente.

—¿Cómo se distingue entre fantasías y sueños?

—Tu conoces la diferencia —dijo haciéndome esa mueca a la que ya me había yo acostumbrado—. Todos la conocemos aquí adentro en lo profundo —y se palpó el pecho—. Las fantasías pueden afectarnos fuertemente, pero no deseamos que se realicen, sólo queremos experimentarlas vicariamente, o sea, por substitución. Los sueños cambian nuestra vida. Tratamos de convencernos de que no podemos hacer la distinción, pero sabemos perfectamente bien que sí podemos. ¿Quería yo, realmente hacerle el amor a esa mujer? Sí, pero no sólo eso. Lo que quería era vivir con ella, casarme con ella. Mi problema era que no le di a mi sueño la energía que merecía. Ya que se casó con otro hombre, debía de haberme conformado con las fantasías y reconocerlas como lo que eran. ¿Ves? como todos somos ramas del mismo árbol, vibramos con los sueños de los demás. Dándoles energía a nuestros sueños, promovemos que se realicen, y cuando nos damos cuenta.... ¡zas! Ya sucedió.

—En la cama con la esposa del amigo.

—En el maizal con mi querida amiga. Sí, precisamente. Puede ocurrir eso o cualquier otra cosa. Así que, Juan, es muy importante que la gente aprenda a separar las fantasías de los sueños. —Dio vuelta y continuamos por el sendero hacia el Monte Imbabura.

—Tu gente —continuó— tiene gran dificultad para distinguir entre las dos. Ustedes son demasiado racionales, y confían mucho en la moderna fantasía de que la ciencia puede responder a cualquier pregunta, y de que convierte al mundo en una gran cancha de juego para gringos ricos. Se han convencido a sí mismos de que pueden controlar a Pachamama, una fantasía que resulta buen entretenimiento, pero que como sueño, es tremendamente destructiva.

—Como la de tu amiga, la esposa de tu vecino.

—Exactamente. Lastima a las gentes en gran escala. Y a muchas otras cosas también, como plantas, animales, piedras, el cielo y los ríos. Tu gente genera gran cantidad de energía, y puesto que ustedes ponen el ejemplo para una gran parte del resto del mundo, eso se amplifica una y otra vez. Por eso es importante que tu gente deje de tornar sus fantasías en sueños.

Nos sentamos sobre el pasto.

Le conté que había estado en contacto con algunas de las personas a las que había curado, y que se encontraban muy bien.

—La mujer con el disco herniado no ha vuelto a sentir dolor desde que estuvo aquí, y el cuello del doctor está muy mejorado.

—¿Y la mujer que perdió su bebé?

—Una semana después de la curación, su ginecólogo encontró que el tumor había desaparecido. Ella se siente muy bien y esta deseando verte de nuevo.

Observamos a un pájaro posarse en un pequeño arbusto.

—Tu curación ha ayudado a mucha gente.

—Yo no curo —corrigió—, yo simplemente les ayudo a cambiar su sueño.

—¿Quieres decir que podrían hacerlo sin ti, por sí mismos?

—A veces necesitamos el permiso de otro —dijo sin quitar los ojos del pájaro—. A veces necesitamos un guía. Necesitamos sentir los espíritus que nos rodean para que nos ayuden a entender que todos somos uno. Una persona diestra en tales cosas puede encontrar un camino claro, un camino recto entre todos los árboles caídos.

—Un chamán.

—Todo el mundo tiene el poder para ser chamán. —Se anticipó a mi pregunta—. El primer paso es aprender a separar los sueños de las fantasías. Esa mujer le dio demasiada energía a su fantasía. Se embarazó con un bebé que no deseaba. Para poder realizar su nuevo sueño —el de no ser madre— su cuerpo desarrolló tal energía, que después puso en peligro su vida. La culpa y la tristeza que sentía la mantuvo encerrada en un sueño que era destructivo.

—Hasta que tu apareciste.

—Yo simplemente la ayude a equilibrar las cosas. Le ofrecí otro sueño; ella hizo lo demás.

Recordando los muchos libros que he leído sobre chamanes, le pregunté cuál era el papel que desempeñaban los espíritus. Pareció sorprenderse con la pregunta, respondiendo que por supuesto, los espíritus están en todas partes. Entonces volvió al viejo tema que había escuchado tantas veces de él, del shuara y de otros ancianos tradicionales.

—Todos somos uno mismo, ramas de un árbol que brota de una sola semilla —dijo—. Tu y yo, los espíritus, Pachamama misma. El poder de los sueños es el poder de nuestra unidad.

—¿Qué pasa cuando destruimos partes de Pachamama?

—Rompemos el círculo, minimizando el poder. Pero el círculo cicatriza con rapidez, a no ser que haya demasiados rompimientos, y sean largos. Cuando se corta un árbol aquí y allá, Pachamama sangra un poco. Entonces, como cuando una persona se pincha con una espina, cicatriza. Pero cuando se meten buldozers a los bosques, la cicatrización toma mucho tiempo. En la actualidad, hay una hemorragia masiva. Una herida sobre otra, que hacen sufrir terriblemente a Pachamama.

Yo recordé el comentario de Numi, y como estaba interesado en la reacción de Manco, le pregunté si pensaba que Pachamama misma estaba en peligro o si solamente nos trataría como moscas molestas, y con una sacudida, se desharía de nosotros.

—Nosotros y Pachamama somos lo mismo. Sufrimos muchísimo al sufrir ella. En todas partes la gente está sangrando. ¿Las semillas que te di? Sí, en la botella. Debes sembrarlas. Un nuevo sueño saldrá de ellas para extender sus poderosas ramas.

Esto no satisfizo mi curiosidad.

—¿Pero es posible que nosotros no sobrevivamos y Pachamama, sí?

—Todos somos uno —dijo mirándome de cerca—. Ten cuidado, amigo mío, de no volverte demasiado embelesado por la razón. Recuerda que la idea de que la ciencia puede dar respuesta a todas la interrogantes, es una fantasía. Cuando fórmulas esa pregunta, creo que tienes en mente la ciencia. Pregúntate a ti mismo qué significa sobrevivir. ¿Qué éramos nosotros, antes de ser humanos?

—No tengo idea.

—Precisamente, pero éramos parte de este todo. Nuestro sueño, el sueño de Pachamama, resultó en esto. —Recorrió su cuerpo palpándolo lentamente con las manos, en un movimiento parecido al que ejecutaba al diagnosticar alguna enfermedad—. Si el sueño se hace demasiado doloroso, cambiará. Pero sobrevivencia, ¿qué significa?

Se levantó y se encaminó de nuevo al sendero. Yo sabía que la sesión estaba llegando a su fin, y me apresuré a alcanzarlo.

—¿Cómo podemos ayudar a que este proceso cambie el sueño?

—El hombre-pájaro. La comunidad debe remodelarse a sí misma. Empieza con las semillas.

Cogí la orilla de su poncho para que se detuviera.

—Por favor, Manco —supliqué—. Un consejo práctico.

—¿Quieres que delinee los pasos básicos para un cambio de sueño? —Echó para atrás la cabeza y se rió. Me sentí descorazonado. Cuando se volteó para mirarme fijamente a los ojos, su expresión era seria. Sabía lo que me iba a decir; iba a decirme que yo ya sabía cuales eran esos pasos. Pero en vez de eso, solamente me dijo:

—Más tarde —con un guiño en los ojos.

Era de madrugada. Estábamos caminando por la orilla del lago donde las mujeres y las jovencitas lavaban la ropa de la familia. Lucían las tradicionales blusas blancas bordadas con brillantes diseños de colores, y las faldas enrolladas para poder adentrarse en el agua. Los otavalanos eran gente excepcionalmente atractiva, y en este entorno, con el sol apenas asomándose por el horizonte, y una neblina baja prendida de los arbustos a lo largo de la costa, las mujeres se veían como si hubieran emergido de los sueños de un artista.

—La educación —dijo Manco— es la llave. La forma en que la gente educa a sus hijos, determina cómo distinguirán las fantasías de los sueños. Esto es verdad tanto en general, para toda la cultura, como para los individuos. Hizo una larga pausa para charlar brevemente con varias mujeres.

—Ustedes nos han traído su educación —continuó—. En nuestras escuelas, los niños tienen oportunidad de ver modelos desarrollados por los españoles, franceses, italianos, alemanes, y norteamericanos. Ven fotografías tomadas en el espacio exterior, llegan a casa a contarles a sus padres de médicos que trasplantan corazones y riñones. Aprenden su alfabeto. Se hacen expertos en la lectura, escritura y el cálculo con números. Entienden que una fábrica de productos químicos del otro lado de Pachamama mató a cientos de personas, y que una planta de energía produjo radiaciones en grandes extensiones. Pero las escuelas.... —hizo una pausa pensativo— no les enseñan eso. —Señaló a una madre que estaba mostrándole a su hija cómo desplazarse entre los arbustos, sin romperlos—. Su sistema educativo nos ha traído jabón; pero no nos ha enseñado cómo evitar que el jabón destruya nuestra agua. Afortunadamente, aún recordamos los arbustos. Nuestros mayores nos enseñan que Pachamama tiene forma de cuidarse a sí misma, siempre y cuando no abusemos de ella, y la amemos y la ayudemos. Me pregunto, sin embargo, durante cuánto tiempo nos acordaremos. La escuela no da premios por este tipo de conocimientos.

Pensé en la sociedad creada por el sistema educativo, que había evolucionado convirtiéndose en el llamado mundo civilizado, tratando de obtener estadísticas sobre el crimen, la pobreza, y la destrucción ecológica.

—Recientemente leí —le dije— que los niños en los Estados Unidos, consumen más de treinta veces la cantidad de recursos consumidos por niños de otros países, como Ecuador.

Se paró, ladeó la cabeza y me dirigió una mirada interrogante.

—Aquí vivimos muy bien —extendió los brazos hacia la campiña—. A veces lamento que tengamos demasiado. Cada generación es de mayor estatura. Eso no es bueno. Pronto todos pareceremos gringos. —Se rió— No debíamos de tomar tanto como tomamos de Pachamama. ¿Qué hacen sus niños con todas esas cosas?

—Se echan a perder. —Fue la única respuesta que se me ocurrió.

Seguimos caminando, dejando atrás a las mujeres. El gran volcán Imbabura se irguió ante nosotros. La niebla circundaba su cumbre. Durante los minutos siguientes escogí cuidadosamente mi camino en el disparejo sendero, sin despegar los ojos del mismo. Cuando levanté la vista, me asombró ver que Imbabura había desaparecido, siendo substituido por una nube blanca.

—Prosperidad —me dijo Manco— es tener suficiente de aquello que necesitamos y cuando lo necesitamos. —Recogió una vara y dibujó dos círculos en la arena, uno de ellos, como cuatro veces mayor que el otro—. Tu gente —dijo, señalando al círculo mayor— ve esto de una manera distinta que la mía. —La vara señaló el círculo más pequeño.

—Para nosotros la prosperidad es aire y agua limpios, es vivir cerca de Pachamama y de nuestras familias, es comer alimentos frescos que han sido cultivados con amoroso cuidado por nosotros, o por nuestros vecinos. Es el conocimiento, adquirido de la vida cotidiana, de que todos somos uno. Es honrar y proteger a nuestra madre, sabiendo que nuestro abuelo siempre está aquí para nosotros.

Levantó la vara, y señaló a Imbabura. Me sorprendió ver que la nube había desaparecido. El enorme volcán estaba ahí delante de nosotros con toda su majestad. Por un momento pensé que mis ojos me había jugado una broma. Sentí como que estaba en una tierra de sueños y que la diferencia entre la realidad y la magia se había desvanecido.

—Mundos paralelos —dijo Manco, como si hubiese leído mis pensamientos.

Caminamos un trecho más en silencio. Me di cuenta de que la plática le había afectado profundamente. Murmuró algo. Cuando le pregunté qué había dicho, sólo me dijo que había sido la palabra quechua que significa *nacimiento*. Entonces se volvió hacia mí y me dijo que yo necesitaba un nuevo tipo de educación.

—Así es —convine.

—Uno de mis hijos es maestro —dijo— ambos platicamos frecuentemente sobre lo importante que es para los niños entender la unidad de todas las cosas. Sin embargo, me dice que las escuelas insisten en enseñar lo contrario. Todo es reducido a categorías sin significado y estudiado en el nivel más pequeño posible. ¿Por qué?

—La ciencia cree —respondí— que si se entienden todas las partes de una cosa, se entiende la cosa misma.

—¿Y las otras cosas, de las que esta cosa es una parte?

—Esa no ha sido una pregunta importante para la ciencia. Al menos, no hasta ahora. Es de esperarse que el viejo enfoque esté cambiando.

—Tiene que cambiar. También me dice mi hijo que en las escuelas no quieren que los niños hablen con Pachamama, Inti, y Mama Kilya, con los pájaros, las plantas, las piedras, o con alguno de los espíritus y animales guías.

Continuamos caminando. Después de una pausa, Manco habló de nuevo.

—Para nosotros, la educación incluye viajar a mundos paralelos, al pasado y al futuro, con objeto de entender y cambiar nuestros sueños. Pensé en el impulso y ánimo que se da a los pequeños de esta parte del mundo, para que se aventuren en lo que a nosotros, en nuestra cultura, nos referimos como estados alterados de conciencia. El pasado y el futuro —continuó— son sueños de esos mundos.

Habíamos llegado a una parte poco profunda del río, donde se detuvo, y picó una piedra con la vara.

—A través del cambio de sueño, somos capaces de modificar el pasado y el futuro —volteó, y me miró de frente— y claro que esto altera también el presente.

Cruzamos la corriente pisando de piedra en piedra. Mientras nos acercábamos hacia Imbabura pensé en las muchas veces que me había preocupado por un acontecimiento venidero sólo para descubrir después que no era tan amenazante como yo había creído. Comprendí que frecuentemente el miedo no es más que una anticipación del dolor. Es un sueño, una pesadilla, que probablemente se base en una asociación con el recuerdo de otro acontecimiento pasado —otro sueño— que de alguna manera esté conectado con el que esperamos en el futuro. En verdad, cambiando el sueño, sea el perteneciente al pasado, o el que va a formar parte del futuro, podemos mitigar —o amplificar— el miedo.

—La energía creada por nuestro soñar —prosiguió Manco— es como el aire. Viaja a cualquier parte. —Se detuvo, y su mirada penetró en mis ojos como si estuviese viajando al interior de mi alma—. Tu habilidad para usar esta energía, está limitada solamente por lo que sueñes sobre su poder. —Se detuvo un largo rato—. O sea, por tu fe. —Sus ojos eran como imanes atrayendo los míos hacia ellos—. Nuestros sueños pueden afectar a todo mundo y a todas las demás cosas, si las energetizamos con suficiente poder —me dirigió una mirada escrutante—, ¿tú crees en esto , Juan?

Pensé por un momento. Había llegado a tenerle plena confianza, y a creer en las curaciones de los chamanes, y sus habilidades para psiconavegar, cosas que había visto y experimentado una y otra vez. Pero no quería que mi respuesta sonara como de rutina; quería enmarcarla en el contexto de mi propia cultura.

—Sí —le contesté por fin— creo firmemente. Sabes, nosotros en Estados Unidos decimos que una persona debe ser cuidadosa en seleccionar a sus amigos, porque la energía de una persona, se contagia a otra. Si te reúnes con gentes negativas, con "perdedores", tú te conviertes también en negativo.

Manco me observaba con atención.

—Por otra parte, un líder seguro de sí mismo, infunde confianza en todos los que lo rodean. Incluso antes de empezar a estudiar contigo, ya lo sabía. Lo que me has enseñado, sólo lo refuerza.

Sonrió al escucharme.

—Así que las formas en que nos enseñan a soñar no son tan distintas , después de todo.

Medité unos momentos antes de responderle.

—Bueno, en realidad, son diametralmente opuestas, como el día y la noche —en ese momento capté la situación— pero en el fondo, por supuesto, somos todos uno. Así que no somos diferentes en lo absoluto. —Ambos reímos. Mientras caminamos, seguí dándole vueltas a ese problema en mi cabeza.

—Si somos uno —le pregunté al llegar a la cima de una loma que nos permitió un vista espectacular de todo el valle— ¿por qué entonces, mi gente ve el mundo en forma tan distinta a como lo ven ustedes?

—En tiempos de nuestros ancestros —me dijo Manco— las gentes de los Andes se volvieron obsesionadas por la codicia y la voracidad. Inti le había enviado su sudor a Pachamama en forma de oro. Mamá Kilya había enviado sus lágrimas como plata. Ambas cosas eran los hilos destinados a tejer y unir los sueños de aquellos tres grandes espíritus: Sol, Luna y Tierra. Eran sagrados, y la gente solamente había de usarlos en formas sagradas, para soñar, adorar, meditar y realizar viajes espirituales. Pero la gente se olvidó de sus deberes y empezó a coleccionar oro y plata egoístamente. Los concibieron como riqueza, "prosperidad", y los atesoraron, entonces Viracocha, el Gran Creador, se enojó con aquella gente tonta, mis antepasados. Le ordenó a su hijo, Águila, que volara del cielo a Pachamama para visitar a la gente de los Andes, y enseñarle un sueño nuevo. Desde entonces, mi gente ha practicado las enseñanzas de Águila. Nosotros le llamamos a eso cambio de sueño. Y nosotros somos hombres-pájaro.

Manco me explicó que el cambio de sueño combina el conocimiento que me había delineado, con el arte de camayar.

—Recuerda: la energía creada a través de nuestro soñar, nos ata y nos une, con lo que tenemos poder esencial —me dijo— cuando camayamos este poder hacia adentro de nosotros mismos y hacia todo lo que nos rodea —partes de nuestra unidad— podemos crear cualquier cosa que soñemos. Pero —dijo, levantando en alto un dedo—, debe de quedar entendido que cuando el sueño es negativo, o cuando nos engañamos a nosotros mismos confundiendo fantasías con sueños, la creación puede resultar un monstruo con proporciones de pesadilla. Eso fue lo que le ocurrió a la gente de los Andes durante la época de mis ancestros. Y ahora, está sucediendo una vez más, en esta ocasión, a tu gente. Sí, los tuyos ven al mundo muy diferentemente que los míos. Les han dado energía a sus fantasías. Se han engañado creyendo que el oro, la plata y otros bienes materiales, les van a comprar felicidad. Pero Águila está ahora moviéndose entre tu gente. Su poder te trajo a ti aquí. Tu traes y enseñas a otros, y ellos les enseñan a otros más. Todos somos uno. A veces enfocamos las cosas de forma distinta. A través del cambio de sueño, todos nos volveremos hombres-pájaro. Este primer paso del proceso de cambio de sueño —enfatizó— es para definir qué es lo que queremos, para asegurarnos de que se trata de un sueño y no de una fantasía. La psiconavegación puede ser de gran ayuda en esto, al igual que el poder animal y los pilotos interiores. Además, para tener la certeza de que es un sueño positivo.

Añadió que un siguiente paso esencial, es darle energía al sueño.

—Debes sacar constantemente tu sueño a la luz del día. Piénsalo, medita y viaja con él. Habla de él con todo mundo. Grítalo. Compártelo con la Tierra, el cielo, las nubes, el sol, la luna, y con todas las plantas, animales y minerales de la Tierra. ¡Ponle letra y música!

—Si las gentes te dicen que es un sueño tonto o imposible —continuó— corrígelas de inmediato. Invierte su negatividad insistiendo en que es un sueño que tiene que realizarse y que se realizará. Jamás le permitas a nadie que le quite la energía a tu sueño hundiéndolo con negatividad o con dudas.

Sugirió ejemplos de otros sueños "imposibles" que se han hecho realidad, como la defunción del comunismo en Europa oriental.

—Lo que cuarenta años y billones de dólares de la CIA no pudieron lograr, ¡fue conseguido de la noche a la mañana por un puñado de poetas!

Manco enfatizó la potencia de los mundos paralelos.

—Imagínate a ti mismo en uno de esos otros mundos, entra a

él con todos tus sentidos, un mundo a la medida de tu sueño se ha convertido en realidad. Experimenta en ese mundo una y otra vez, cien veces al día. Siéntelo, míralo, escúchalo, saboréalo y huélelo. Comprende, con todas las partes de tu existencia, las maravillas y placeres de tu sueño realizado.

—Me recordó de nuevo que la energía para cambiar de sueño, está en todas partes, como lo está el aire, uniendo todas las cosas.

—Debes camayar esta energía todo el tiempo. Y cuando lo hagas, verás que tu sueño se realizará más pronto de lo que esperabas —se rió—. Nada más ten cuidado. Recuerda siempre a la esposa de mi amigo. Deja que ella sea tu conciencia. Deja que ella te proteja de fantasías —hizo una pausa, y me miró largo rato— dirige tus energías, tu increíble poder, hacia sueños positivos, unos que traigan verdadera prosperidad tanto para ti, como para Pachamama. —Su cara rompió en una mueca magnífica—. Como dijo tu amigo Numi, el mundo es como lo sueñas. Yo solamente añadiré que necesitas trabajar en ello.

10 Pasando al sueño

El hecho de estar llevando grupos de médicos y otros profesionistas con los chamanes ecuatorianos, así como el seguimiento de mi trabajo con Manco, tuvo un fuerte impacto en los talleres de trabajo que sostenía en los Estados Unidos. Previamente los había conducido en una forma puramente de negocio, evitando cualquier cosa que pudiera mermar la idea de estar viviendo un momento exótico. Después de ver los efectos positivos del tamboreo, la música, el incienso y otros rituales en las personas que me acompañaban a Ecuador, empecé a incorporar aspectos de esas prácticas en los talleres de trabajo. Los cambios fueron recibidos con entusiasmo. Mi valor fue en aumento, y poco a poco, mis sesiones empezaron a verse, a sonar e incluso hasta a oler, como aquellas celebradas en la choza de un chamán. Manco era un instructor muy hábil, cuyas enseñanzas en relación con la ceremonia, así como a las curaciones y a la psiconavegación, produjeron muchas mejoras en el trabajo que yo estaba realizando.

Muchos de los participantes en los talleres de trabajo, me reportaron sorprendentes resultados de sus propios esfuerzos en camayar. Los ejemplos incluyeron plantas de jardín que empezaron a florecer repentinamente después de haber sido camayadas, y animales enfermos que recuperaron la salud; varias personas describieron la autocuración de sus lesiones, un pie fracturado, una picadura de insecto infectada, migraña. Muchos eran terapeutas que adaptaron las técnicas a sus propias profesiones y las usaban para ayudar a pacientes con gran cantidad de problemas, tanto emocionales, como físicos.

Tomando como base lo que Manco había dicho respecto a que los quipu camayocs eran chamanes culturales y a la necesidad de camayar a toda un especie, tuve la idea de llevar cambios a profesiones enteras. Durante los talleres de trabajo, camayamos a los médicos para que se concentraran en curar el desequilibrio entre la humanidad y la naturaleza; a los abogados, para que vean como su trabajo primario la protección de los derechos de todas las plantas, animales, y minerales; a los maestros, para que enseñen que se apoye el cambio a largo plazo; a los economistas, para que preserven la viabilidad económica de la Tierra; y a los líderes religiosos, para que preserven el mundo natural como primera revelación de la divinidad.

—Frecuentemente hacemos referencia a nuestro "sexto sentido" —les dije a las sesenta personas que estaban sentadas sobre pequeños tapetes formando un círculo, en mi taller de trabajo—, pero yo creo que en realidad, se trata de una referencia a todo el grupo de fenómenos no físicos, incluyendo no solamente los sentidos de los sueños, sino también los poderes creativos, curativos, y destructivos de nuestras percepciones. Estos no son reconocidos por la ciencia occidental moderna, porque desafían las capacidades de los científicos de medirlos y cuantificarlos. Sin embargo, todos sabemos que son reales.

Es una discusión que he sostenido conmigo mismo muy seguido. Yo sé, por ejemplo, que la percepción es la clave de la forma en que vivimos. Si optamos por percibir un acontecimiento como bueno o malo, como algo que nos alegra o que nos entristece, determina en verdad cómo nos va a afectar ese acontecimiento. Yo me he encontrado una y otra vez, con que la alteración de mi percepción cambió el mundo, que puede ser hostil y ajeno, o cálido y protector, dependiendo de cómo se le quiera percibir.

—Cualquier practicante de artes marciales —continué— les dirá que la fuerza, no tiene nada que ver con la capacidad de romper bloques de concreto. Los niños pueden tener éxito en lo que los levantadores de pesas fracasan. Lo único que importa es la percepción. Si ustedes perciben el bloque como sólida roca que les va a hacer pedazos los huesos, fracasarán. Si lo ven como una papa frita, y visualizan su mano pasando fácilmente a través de ella, tendrán éxito.

Una de las mujeres que estaban en el círculo, levantó la mano.

—Hay muchas historias —dijo— acerca de cómo los indios americanos no podían ver los barcos de los primeros exploradores, porque tales artefactos estaban más allá de su capacidad de percepción. Creo que fue el Capitán Cook quien escribió sobre cómo tuvo que llevar a un jefe indio y a sus guerreros en una canoa hasta llegar a su barco, para que lo tocaran y luego pudieran verlo.

—Como los ovnis hoy en día —comentó alguien, haciendo reír a los participantes en el círculo.

Les conté de mis intentos de llevar gente por la selva siguiendo las veredas shuaras. Siempre acababa perdiéndome totalmente al desvanecerse las veredas ante mis ojos, disolviéndose entre los árboles. Entonces un shuara se ponía al frente y nos guiaba directamente a reencontrar la vereda; en cuanto lo hacía, la vegetación parecía abrirse delante de nosotros. La vereda se tornaba obvia hasta para mí, pero sólo en tanto que un shuara estuviera guiando.

De algún modo, en formas que no puedo explicar, estar en presencia de las percepciones superiores del guía, mejoraba, al menos por algún tiempo, mi propia habilidad para percibir.

Cuando hablo de estos temas en mi taller de trabajo, veo frecuentemente el rostro de Manco, y siento como si me estuviese ayudando. No es que yo esté actuando como su vocero; no siento que el haya tomado posesión de mí en alguna forma, y hable a través mío. Más bien, él es como mi entrenador, sentado afuera de la cancha, dirigéndome y animándome, y a veces dándome algunos consejos para facilitar mis explicaciones.

Los participantes ponen gran interés en las curaciones de que he sido testigo y en la creencia chamánica de que todos tenemos el poder para autocurarnos. Conversamos sobre las formas que tienen nuestros organismos de combatir las enfermedades infecciosas y cicatrizar heridas. Este nos lleva frecuentemente a conversaciones sobre bioretroalimentación, acupuntura, masaje terapéutico, y otras formas de curaciones físicas y mentales que están adquiriendo popularidad entre personas educadas en la tradición médico científica occidental.

Lo antagónico del sentido curativo, es el sentido destructivo. Es comúnmente aceptado por los chamanes —y cada día más entre nuestra propia población— que tenemos el poder de traer enfermedad y dolor sobre nosotros mismos, y sobre otros. Nuestras reacciones ante situaciones estresantes y ante problemas familiares, tales como alcoholismo, afectan a nuestra salud. Dentro de todos y de cada uno de nosotros existe una fuerza —llámesele "sentido"— que determina el sentimiento hacia una situación dada, haciéndonos estar deprimidos o alegres, activos o pasivos. Esta fuerza puede estar estrechamente alineada con la percepción, y sin embargo parece ir mucho más lejos, disparando reacciones químicas en lo profundo de nuestra estructura hormonal.

Nuestras reacciones, nuestros estados de ánimo, pueden afectar a otros en forma muy fuerte. Cuando yo era un niño que crecía en una zona rural de New Hampshire, mis padres estaban convencidos de que los pies mojados causaban catarros. Si se metía uno a un charco, tenía que cambiarse de zapatos y calcetines de inmediato, o se enfermaría. Y en realidad, la experiencia les daba la razón. Resultaba que cuando no seguía yo sus consejos a este respecto, sin excepción alguna pescaba un catarro. Además, me sentía continuamente frustrado al ver que esa regla no aplicaba a algunos de mis compañeros de escuela; suponía que se debía a que eran más fuertes que yo. Luego, muchos años después, descubrí que podía pasar días en el bosque con mis pies mojados. Mis acompañantes shuaras me aseguraron que ningún daño me podría venir por eso. ¡Y ellos también estaban en lo cierto! Desde entonces, he visto que ahora puedo mojarme los pies en New Hampshire sin contraer catarro.

—Los chamanes —continué— emplean este otro grupo de sentidos para viajar a mundos paralelos. Una vez ahí, se apoyan en los cinco sentidos físicos para ayudarse a entender e interpretar lo que encuentran. Me dirigí a Sally, una psicoterapeuta que acababa de regresar de uno de mis viajes a Ecuador, y le pedí que compartiera sus impresiones.

—Para mí, la información que estos hombres y mujeres trajeron de sus notables viajes de psiconavegación, fue sorprendente —dijo— se enteraron de cosas sobre mí y sobre los otros, que verdaderamente hizo vacilar nuestras mentes. Y sí, sus experiencias ya estando en estos otros mundos, fueron altamente sensuales. Como dice John, parecían tener un juego completo de "otros" sentidos que los llevaron ahí. Sin embargo, usaban los tradicionales —ver, tocar, oler, gustar y oír— para adquirir sabiduría y curarnos. ¿Qué más puedo decir de ellos? Son increíblemente poderosos.

La gente se movió en el círculo para ver mejor a Sally. Le hicieron preguntas y la animaron a describir sus experiencias personales. En un punto, la conversación cayó en la ayahuasca.

Sally dio una ojeada al círculo de rostros, y sonrió con aplomo.

—La ayahuasca nos obliga a cambiar nuestras percepciones, a dejar nuestra conciencia corporal, a ver al mundo en forma distinta. Cambia la vida, pero también lo hace, sin ella, el trabajo de los chamanes. Yo creo que un cambio de sueño es lo que necesita este mundo desequilibrado, donde nos hemos tornado tan preocupados con las cosas materiales de la vida. Sea que usemos ayahuasca o alguna otra herramienta para cambiar nuestro sueño, es algo que no tiene importancia. Lo importante, es que hagamos el cambio.

La habitación estaba en silencio. Puse en marcha una cinta que había grabado, en la que se escuchaba a Kitiar tocando su tumank. Todos la escuchamos en silencio. Sally había hablado con elocuencia, y el poder de sus palabras parecía haber saturado la habitación. Vi a Manco donde se sentaba a meditar, entre la Abuela Cotacachi y el Abuelo Imbabura. Se me ocurrió que los chamanes estaban resurgiendo. Parecía como si se hubiesen escondido durante la Inquisición española, y permanecido ahí durante las sucesivas invasiones de misioneros, capitalistas y médicos que rehusaron reconocer sus poderes. Ahora, precisamente cuando el desequilibrio entre los humanos y Pachamama amenaza destruirnos como especie, los chamanes están dejándose ver una vez más, para ayudarnos a restablecer contacto con la naturaleza, para ayudarnos a sentir unidad, nuestra unidad con los mundos de las plantas, de los minerales y de los animales. Sally había experimentado el poder del chamán de primera mano, y ahora estaba llevando su mensaje a sesenta personas sentadas en círculo. Su historia, aunada a sus recientes psiconavegaciones, estaba, incluso entonces, cambiando a esa gente.

Me puse de pie y caminé entre ellas tocando suavemente mi tambor. Mientras me desplazaba entre los participantes, recapacité en que los chamanes jamás se habían escondido en lo absoluto. Habían seguido practicando, pero únicamente entre su propia gente, y en forma callada. A diferencia de los misioneros, nunca habían tratado de convencer a otros. Quizás hayan sabido que sus energías iban a ser necesitadas. Acaso habían estado conservando sus poderes para el actual momento de crisis. Si en verdad vivimos en mundos paralelos, si todo es uno, y todo sucede en forma concurrente, entonces todos los chamanes están aquí ahora, listos para ayudarnos. Su poder es tremendo. Esto explicaría por qué existe tanta gente —incluyendo a médicos y terapeutas de la escuela tradicional—que están siendo súbitamente atraídas a ellos.

Dejé que se desvaneciera poco a poco el tamborileo, y volví a mi sitio en el círculo. La grabación de Kitiar tocando su tumank terminó, y desconecté la grabadora.

—¿Alguna pregunta para Sally, comentarios, o pensamientos?

La gente se agitó. Podía yo ver que cada quien a su manera, todos habían viajado también. Estaban regresando al mundo de aquel salón, del taller de trabajo, y del círculo. Alguien le pidió que fuese más específica sobre el cambio de vida.

Ella sonrió y se encogió de hombros.

—Oh, pasaron tantas cosas que alteraron mi vida —dudó un momento, dirigió la vista a sus manos que tenía colocadas sobre las piernas, y continuó:

—Esto puede parecerles extraño, pero psiconavegando reviví momentos de mi pasado —y mirándome a mí, continuó—: Supongo que fui a uno de esos mundos paralelos de los que tanto te gusta hablar, John. Me di cuenta de que podía cambiar mi pasado, podía alterar los resultados de acontecimientos que me ocurrieron hace mucho tiempo. ¿Y sabes qué? Esto ha cambiado mi actitud hacia gran cantidad de cosas y de personas.

Cuando se le presionó, dijo que la relación con sus padres había mejorado inmensamente. Luego una mirada de perplejidad cruzó su rostro. Se inquietó. En tono de disculpa, explicó que la experiencia que había tenido era demasiado personal y reciente como para que ella pudiera compartirla en detalle.

Captando su desazón, intervine.

—El pasado —dije— es nuestro sueño de memoria, no es un hecho —hice una pausa para permitir que lo dicho fuese asimilado —es una percepción. Todo aquello que recordamos se filtra, como un sueño que se interpreta. Si se cambia el sueño, y se cambian los recuerdos, se habrá cambiado el pasado —recordé una curación que había yo realizado con una mujer que sufría de devastador pánico a las alturas— cuando usted cambia el pasado, también se altera el presente y su sueño del futuro.

Les narré la historia de una mujer que tenía miedo a cruzar puentes.

Aunque Josephine contaba con una maestría en psicología, se ganaba la vida como consultora de relaciones públicas en la ciudad de Portland, Oregon. Durante sus estudios, había desarrollado un profundo interés en el chamanismo. Su voz, desde el otro extremo de la línea telefónica, denotaba agitación.

—Deseo intensamente hacer su viaje a Ecuador —dijo— pero si lo hago, ¿tendré que cruzar el puente?

—¿El que aparece ilustrando mi folleto?

—Sí, el puente colgante, como el de la película de Indiana Jones.

Le expliqué que tendría que cruzarlo si tenía intenciones de caminar por la selva para ir a visitar la cascada sagrada, o la cascada

Foto de John Perkins

FIGURA 12: Puente shuara

de aguas termales. Ella había estimulado mi curiosidad, y no me pareció necesario explicarle que si el río estaba bajo, quizás podría vadearlo, o de lo contrario, podría ser llevada en canoa. Desde un punto de vista chamánico, era importante escucharla, y descubrir el origen de su agitación.

—¿Existe algún problema? —le pregunté.

—Absolutamente, y es un problema muy serio.

Me aclaró entonces, que desde su niñez había sentido terror de las alturas. En años recientes, su fobia había empeorado.

—Ahora —añadió exhalando un suspiro— ni siquiera puedo cruzar un arroyo saltando de piedra en piedra. Así de serio es.

En verdad que la cosa era seria. Pensé que probablemente no podría ni descender por la empinada cuesta que llevaba al río, ni mucho menos vadearlo. Y había otros puntos. ¿Cómo iba a poder escalar los riscos en el camino a las cataratas termales , o bajar al cráter del volcán, donde Raúl y yo planeábamos llevar al grupo a acampar durante una noche? ¿Estaría ella en condiciones de volar a la selva en el pequeño avión que se desplazaba rasando las copas de los árboles?

Por coincidencia —no obstante que yo he llegado a la conclusión de que muy pocas cosas ocurren sólo por coincidencia— resultó que yo acababa de programar un taller de trabajo en Seattle. Cuando se lo dije a Josephine, se entusiasmó.

—Sin falta estaré ahí —me dijo.

Le expliqué entonces, que yo me hospedaría en casa de unos amigos, y le sugerí que quizás ella también podría pasar la noche siguiente al taller de trabajo con ellos, para que así pudiéramos disponer de un par de horas juntos esa misma noche, o a la mañana siguiente, para trabajar en su problema de acrofobia.

—¿Me está diciendo que puede curarme? —Me preguntó con una incredulidad que se transmitió claramente de costa a costa a través de la línea telefónica.

—La psiconavegación puede hacer milagros —me reí— a veces. Tendremos que esperar, y ver si esta vez los hace—. Le pregunté si tenía alguna idea de qué causaba su temor a las alturas, o de cuándo había empezado a manifestarse.

Respecto a la causa, nada me podía decir. Había sido víctima de él desde que podía acordarse.

—Pero —añadió—, de un tiempo a esta parte, se ha tornado muy severo y tremendamente enervante. Antes, me hacia sentir una ligera aprensión, a veces un poco mareada, y con flojedad en las rodillas, pero nada como lo que me pasa ahora. Desde hace poco más de un año, cuando cumplí treinta y cinco, me ha estado impidiendo hacer muchas cosas, y eso nunca me había pasado.

El taller de trabajo en Seattle, fue relevante. Muchos de los asistentes eran gente bien preparada. La mayoría había leído *Psiconavegación*, y muchos también *The Stress-Free Habit.* Puesto que ya sabían bastante de mí y del tema, podía yo hacer a un lado la mayor parte de las narraciones y explicaciones, y meterme directamente al trabajo experimental. Había distribuido a los asistentes en parejas para que se purificaran mutuamente empleando los cuatro elementos; entonces cada participante recuperaba un poder animal para sí o para su compañero. Quemamos incienso especialmente preparado para mí por chamanes, y acompañados de tambores, matracas y silbatos, bailamos y cantamos. Luego pasamos a lo que yo considero la esencia del chamanismo: la realización de curaciones. Empleando técnicas similares a aquellas practicadas por los chamanes andinos, trabajé con tres personas, cada una con distinta enfermedad. Después, como grupo, realizamos varias curaciones. Finalmente, todos camayamos equilibrio en la relación entre nuestra cultura y la naturaleza.

Cerramos con una breve charla sobre cómo el curar es un ejemplo concreto de la habilidad de los chamanes para usar viajes de psiconavegación con objeto de efectuar cambios. Les recordé que el mundo verdaderamente es como lo soñamos, y enfaticé, una vez más, que todos tenemos el poder de volver a soñar el mundo y redefinir el papel que los humanos desempeñamos en él. Al observar sus rostros, sentí confianza de que la mayoría de ellos tenían la intención de llevar mis palabras a su corazón. Resplandecían, y lo hacían en forma muy similar a como resplandece la gente después de ser curada por un otavalán, salasacán, cañari, shuara, o chamanes quechuas de las tierras bajas.

Josephine me ayudó a empacar las huacas y otros instrumentos que usé durante el taller de trabajo. Sintiendo su energía cerca de mí, no tuve la menor duda de que su acrofobia desaparecería pronto, o al menos, disminuiría en forma considerable.

La mañana siguiente, a las cinco y media, nos reunimos frente a la chimenea de la estancia. Disponíamos de dos horas antes de reunirnos con nuestros anfitriones para desayunar, ya que yo tenía que salir para el aeropuerto a las nueve. Afuera, la lluvia cayendo sobre los árboles, me recordó los bosques. Se lo dije a Josephine, y juntos nos quedamos ante la ventana viendo hacia la obscuridad mientras me decía que estaba desesperada por poder hacer el viaje.

Encendí un fuego pequeño con incienso de copal. Durante unos minutos nos sentamos en silencio, uno frente al otro, escuchando al chisporrotear del fuego mezclarse con el sonido de la lluvia al caer. Empezó contándome de su temor y de cómo había aumentado, de ser simplemente una cosa irritante, a llegar a convertirse en una enfermedad que —como ella la describió— estaba robándole la vida.

Mientras hablábamos, la estudié cuidadosamente. Traté de percibir desequilibrios en su energía como Manco me había enseñado. Después de un rato, empecé a notar una pequeña área obscura en la parte alta de su cabeza. Cuando le pregunté qué era, me miró con una mirada singular. Luego, sin ningún titubeo, me explicó que se debía a algo que había ocurrido cuando aún estaba en el vientre de su madre.

—Mi madre trató de abortarme —dijo, sin mostrar emoción alguna— al hacerlo, me lastimó la cabeza.

—¿Está segura de eso?

—Claro, ¿pero cómo supo que tenía esa marca?

Le expliqué que había podido detectar energía concentrada en esa área, y brevemente, le describí formas en las que los "otros" sentidos pueden ser usados para "ver" esas cosas. Todo ese rato estuve bajo la sensación de que en el asunto, había involucrado algo más que un intento de aborto. Me acerqué al fuego y sostuve sobre él mi tambor. Le pregunté si alguna vez había oído hablar de la recuperación de las almas.

Ella había leído el libro clásico de Mircea Eliade *Shamanism: Archaic Techniques of Ecstasy.* Hablamos sobre la recuperación de almas a que se refiere Eliade, cuyo foco primario habían sido las tribus del norte y el centro de Asia: los tungus, manchúcuos, tártaros, buryats, y otros de tradiciones similares. Ella se acercó, y se hincó junto a mí cerca del fuego.

—He oído —dijo, con un ligero estremecimiento— que la recuperación de almas es peligrosa.

Varias semanas antes, había yo ayudado a un hombre que me llamó después de que una recuperación de alma se había practicado en él en la ciudad de Nueva York. Usé su historia como un ejemplo de cómo puede salir mal el proceso.

—Según los indios cuna, que viven en las islas San Blas, cerca de las costas de Panamá, una parte del alma se va volando cuando la persona sufre un trauma fuerte —dije, y procedí a describir algunas de mis experiencias personales con los cuna en los años setenta—, un buen chamán pone mucho cuidado en no recuperar esa parte del alma, hasta que su paciente haya manejado el trauma que la obligó a irse.

Retirando el tambor del fuego, se lo di a ella, y como descuidadamente lo acarició.

—Desafortunadamente, el terapeuta de ese neoyorquino, no conocía —o cuando menos, no hizo honor— a esa tradición. Recuperó el alma perdida, antes de ocuparse del trauma. —Ella me devolvió el tambor. Empecé a tocarlo con suavidad y le expliqué que tales prácticas erróneas se emplean muy a menudo.

—Pueden resultar muy dolorosas para el paciente, y le han dado una mala imagen a todo el concepto de recuperación de almas. Y está tan extendida la práctica de esta antigua técnica sin tomar las debidas precauciones, que la mala imagen quizás sea justificada.

—¿Yo necesito una recuperación de alma?

Le dije que no sabía la respuesta a su pregunta, pero que puesto que era una posibilidad que así fuese, quería que comprendiera el proceso. Le aseguré que no efectuaría una recuperación de alma, a no ser que tuviese la certeza de haber atacado antes la causa del trauma.

—Nosotros dos —añadí— estamos a punto de viajar juntos a un lugar especial, el lugar donde se origina esa acrofobia. Tomaremos el camino más corto y más seguro posible. Aparte de eso, no tengo mucho que decirle.

Josephine se recostó boca arriba cerca del fuego. La habitación estaba plena de olor a copal, combinado con el de la madera ardiendo. El suave tamborileo se mezcló con el sonido. Le dije que iba a usar dos de mis poderes animales, una loba blanca y un delfín hembra. Le pregunté si se sentía a gusto con el pony que había sido recuperado para ella, en el taller de trabajo. Tanto su expresión, como sus palabras, me aseguraron que el pony sería una presencia poderosa. Le recordé que el poder animal nos ayuda a "morir", asistiéndonos en la transición de salir de nuestro mundo materialista de todos los días, hacia otros niveles de consciencia. Le expliqué que ambos viajaríamos a donde fuese que nos llevasen, pero que debíamos de tener siempre presente su necesidad de liberarse del temor a las alturas.

El tambor fue sonando más fuerte. Le indiqué que llamara a su pony. La loba y el delfín hembra, se reunieron con nosotros de inmediato. El ritmo del tambor se aceleró. Era el sonido de los cascos del pony al galopar. Ambos montamos en el pony. La loba corrió al parejo junto a nosotros, en tanto que el delfín hembra nadaba a través del aire. Entramos a un túnel formado por árboles exuberantes de grandes ramas colgantes. Olía a flores. Al final podíamos distinguir una luz. Nos dirigimos a ella y pronto nos encontramos volando por un claro del bosque, mientras el viento silbaba entre nuestro cabello.

De pronto el pony se detuvo bruscamente, estando a punto de arrojarnos al frente por encima de su cabeza. La loba y el delfín hembra estaban parados junto a nosotros. Adelante había un puente. Vi a Josephine y capté una máscara de terror.

Una vez que desmontamos, le aseguré que todo saldría muy bien y le ofrecí mi mano. Aunque la tomó y se bajó del pony, yo podía sentir su temor. Ella quería escapar, pero yo la insté a que no lo intentara. A pesar de su renuencia, accedió. Caminamos juntos lentamente por la vereda que llevaba al puente. Se quejó de que el sol estaba muy fuerte y le quemaba los hombros, sugiriendo que nos protegiésemos bajo la sombra de algún árbol. Le dije que después habría tiempo de relajarse. Trató de frenarse, pero le sostuve fuertemente la mano y la seguí llevando hacia el puente. Atisbó la largura del puente y su respiración se tornó jadeante.

Nos detuvimos ahí durante un rato observando la escena ante nuestros ojos. Los rayos del sol penetraban por los espacios claros hasta el río, iluminando al puente como si fuese un actor captado por un cañón de luz en un escenario gigantesco. El tamborileo se hizo más intenso. Le dije que yo estaría junto a ella durante todo el tiempo, asegurándole que no le ocurriría nada malo. Lentamente, pero muy lentamente, nos seguimos aproximando al puente.

Aunque su temor era palpable, Josephine era extremadamente valiente, y siguió caminando hacia adelante. Paso a paso nos alejamos de la vertical a la orilla del río y salimos caminando sobre los arremolinados rápidos, a unos 3 kilómetros abajo de nosotros.

Llegamos a un punto aproximadamente a un cuarto del largo del puente, cuando ella se trabó.

Se tambaleó. La sostuve tomándola alrededor de los hombros. Estaba mareada, y me dijo estar segura de que se iba a caer.

Llame a su pony, le grité. De inmediato llegó galopando por el aire, como un Pegaso precipitándose sobre una presa, y nos levantó a los dos hacia el cielo. Al dirigirnos a las nubes, sentí su alivio.

Ahora podía mirar para abajo y describir con gran entusiasmo todo lo que veía. No sentía miedo a esa altura. De hecho, se sentía liberada.

Volamos sobre enormes montañas nevadas. Josephine siguió señalándome cosas como un río que brillaba a la luz solar, un pueblito distante, un águila volando más abajo que nosotros. Todo lo asimiló; era como si estuviese en su casa.

Entonces se puso tensa, y respiró profundamente. Le oí decir algo, pero lo percibí como un murmullo. Señaló una cascada. Olas de bruma surgían de su base, y yo me pregunté si tendría relación con el puente.

—Tengo que ir allá —me dijo.

—Estoy contigo, ¡vamos!

El pony descendió rápidamente, llevándonos directamente a la cascada.

—¡Oh, Dios mío! —exclamó, empezando a sollozar sin el menor control.

Abrí los ojos y vi su cuerpo recostado en el suelo junto a la chimenea.

—Lo van a matar —dijo, tratando de detener los sollozos. Su cuerpo estaba tieso.

—¿Quién es él?

—Yo —la forma en que lo dijo, me hizo sentir un escalofrío por la espalda— me van a ofrecer como sacrificio, para calmar a la cascada.

—¿Por qué?

—Porque creen que la cascada así lo exige o el río inundará su pueblo, mi pueblo.

—¿Quiénes son?

—Hombres del pueblo. Cinco de ellos. Todos con el pecho y las piernas pintadas con rayas negras y rojas. Uno de ellos carga un gran mazo y amenaza constantemente golpearme con él en la cabeza—. Levantó el brazo y se tocó la parte alta de la cabeza, en el sitio preciso donde había yo visto la masa negra de energía.

Comprendí que Josephine había ingresado al mundo paralelo de una vida anterior. La regresión a una vida pasada, como suele llamársele en nuestra sociedad, no es rara en las curaciones de los chamanes.

—¿Por qué tú —pregunté.

Ella titubeó. Vi moverse sus labios y entendí que les estaba preguntando. Luego me respondió, que debido a que tenía treinta y cinco años, y aún no había matado a ningún enemigo. El recuerdo de que la acrofobia se le recrudeció cuando cumplió treinta y cinco años, me pegó como una pedrada. Sentí que la frente se me perlaba de sudor.

Estaba callada, y yo sabía que el pony la había llevado cerca de la escena y le pregunté qué estaba ocurriendo.

Me han empujado a la orilla del risco. Puedo sentir el polvo de bruma que llega desde lo profundo. Estamos a nivel con el sitio de donde cae la catarata, al otro lado del desfiladero. Su cuerpo se convulsionó, y ambas manos se elevaron para cubrir la parte alta de su cabeza.

—¿Qué pasa?

—¡El mazo de ese hombre!

—Detente —le dije tan calmado como pude, suavizando el tamborileo—, congela la escena ahí mismo y quédate con ella. Voy a tratar de hacer una recuperación de alma. ¿Puedes detener todo ahí?

—Sí —dijo con voz temblorosa.

Llamé a mi loba. Juntos, viajamos a una región obscura y prohibida. Habíamos realizado varias visitas similares con anterioridad, pero nunca me agradaron. Siempre me sentía nervioso y aprensivo mientras estábamos ahí. Llamé a la parte del alma de Josephine que había volado durante aquel momento en el risco. La densidad del lugar era opresiva, la respiración se hacía difícil.

Oí una vocecita. La loba meneó su cola, y echando a correr por un túnel obscuro y mal oliente, me llevó a donde estaba un niño pequeño. Escondido en la obscuridad del lugar, el chico se veía aterrorizado. Le expliqué quiénes éramos y lo invité a regresar con nosotros. De inmediato se relajó. Su expresión mostró alivio. Le dije que antes de que pudiera acompañarnos, sería necesario que nos ayudara a enfrentar el trauma que lo había hecho estar ahí. Le pregunté si podría enfrentarlo, y tomando mi mano me respondió sonriente que sí podría. Acaricié el cuello de la loba, y con la mano del niño en la mía, fuimos llevados suavemente fuera de aquel sitio tan depresivo.

Vi a Josephine tendida en el suelo. Sin dudarlo, camayé al niño dentro de ella. Lanzó un suspiro y sonrió.

—¿La cascada pide el sacrificio? —le pregunté.

—Sí —replicó— pero... —se produjo una larga pausa— no tiene que ser una persona.

—¿Entonces qué?

—Flores —respondió sonriendo.

—Explícaselo a esos hombres.

—No me creen, y quieren saber que estás haciendo aquí.

—Diles —respondí, con una voz tan ronca que apenas la reconocí como mía— que estoy aquí para salvar tu vida. Diles que los mataré si no obedecen. —Las palabras parecían provenir de alguien distinto a mí; al momento de escucharlas sentí un estremecimiento por todo el cuerpo.

—¿Qué están haciendo? —le pregunté después de una breve pausa.

—Nada, sólo están parados ahí. Se ven inseguros de sí mismos. El hombre que me iba a golpear la cabeza con el mazo, se ha movido hacia atrás, y ha dejado el mazo a un lado. Ahora parece dócil.

—Dales flores —le ordené—, diles que las arrojen a la cascada. Eso es todo lo que se necesita.

—Las estoy cortando yo misma —dijo, mientras movía las manos a los lados haciendo el movimiento de cortar—, son pétalos naranja y azules, lindas flores que crecen por el risco. Los hombres están viéndome. Uno de ellos, el que tenía el mazo, dice que van a hacer lo que les dije. Muy bien. Están aceptando las flores. Oliéndolas. Ahora las levantan sobre sus cabezas, convirtiendo esto en una como ceremonia, y ahora las tiran a la cascada.

Se retorció, rodó un poco hacia un lado, y noté que sonreía.

—Están riéndose, quieren que yo regrese al pueblo con ellos.

—Diles que se vayan solos, que tú irás más tarde. Espera. Dales las gracias por su ayuda, dales las gracias por calmar a la cascada y salvar a tu pueblo.

Sus labios se movieron de nuevo, y finalmente dijo adiós.

—Ahora —continué, acelerando el ritmo del tambor mientras hablaba— pídele al pony que nos lleve a casa. La parte de tu alma que había huido, ha regresado. Te has hecho cargo del trauma —sentí un tremendo alivio— has cambiado el sueño de tu memoria. De ahora en adelante, todo será diferente.

Varios meses más tarde, Josephine y yo estábamos en el Amazonas con Raúl y catorce personas más. Cuando llegó el momento en que ella se enfrentó al puente, todos los miembros del grupo conocían su historia. Muchos de los participantes eran psicólogos, a quienes su caso les interesaba seriamente. El hecho de que se hubiera probado a sí misma en elevadores de cristal, y en escaleras eléctricas antes de salir de los Estados Unidos, así como en cráteres de volcanes y aviones pequeños en Ecuador, había merecido tratamiento en sus publicaciones. Estaban impresionados de que ella hubiese ido tan lejos sin signo alguno de acrofobia. Pero la verdadera prueba era justamente el puente mismo.

Yo me paré ahí, en el paso que lleva al puente, en compañía de todos los demás. Yo me sentía íntimamente seguro, pero tenía curiosidad de ver qué tanta confianza tendría ella. Y siempre existía la posibilidad de..., pero me negué a darle energía a lo negativo

Caminó despacio por el paso, moviendo los brazos normalmente a los lados, y con una gran sonrisa en el rostro, sabiendo que todas las miradas la seguían. Nos hicimos a un lado, permitiéndole amplio espacio para ver el puente. Se detuvo y lo observó. Sus manos se acomodaron en su cadera haciendo su postura de singular arrogancia.

Sí —me dije a mí mismo— sí, Josephine, dale todo lo que tienes.

Inició la marcha, y se congeló. Yo podía sentir que toda la gente se ponía tensa. Seguí su mirada dirigida hacia abajo captando el río. Allá abajo, en el desfiladero, el agua se arremolinaba como un dios enfurecido. Cruzó por mi mente la idea de que necesitaban un sacrificio, y arrojé un flor mental. Un tronco flotante golpeó contra una roca sumergida, y saltó a gran altura en el aire. Alguien jadeó. El tronco volvió a caer en los rápidos y fue apresado por la corriente, para continuar su viaje hacia el océano Atlántico.

Cuando regresé la vista al puente, no podía dar crédito a lo que estaba viendo. Josephine había traspuesto la cuarta parte del camino. Estaba bailando una combinación de varias danzas. Y estaba cantando. Su clara voz, sonaba plena de euforia. Se movía con rapidez, y sin temor alguno. No tardó en estar del otro lado, y todos rompimos en aplausos.

Saltó de arriba a abajo, sosteniendo una mano con la otra sobre la cabeza, como los boxeadores triunfadores, y entonces, para nuestro asombro colectivo, inició el regreso. Esta vez no bailó, sino que caminó con paso firme y con sus sonrientes ojos sobre nosotros. Cuando llegó a unas cuantas yardas de donde estábamos, se detuvo.

—¿Qué están esperando? —preguntó, y dando abruptamente la vuelta, reinició el cruce del puente, instándonos con los brazos a seguirla— ¡Vamos!

11

Cambio de sueño

El cráter del volcán Cuicocha es tan profundo que la leyenda dice que llega al centro mismo de Pachamama. Si está usted sentado a un lado del cráter viendo la campiña desde esa altura, se distingue un lago azul que lo llena todo menos los últimos trescientos pies aproximadamente. Un poco más distante está la montaña sagrada Abuela Cotacachi. Magnífica como es, levantándose hacia el cielo más allá del agua, Cotacachi empequeñece a la impresionante montaña en cuyo borde está usted sentado, y uno sabe que se encuentra en la presencia de una entidad viviente. Entiende por qué el espíritu de Cotacachi es invocado por Manco, Iyarina, y los otros chamanes de los Andes del norte. Es mucho más grande y más poderoso que las catedrales europeas, las pirámides egipcias, los templos mayas, las torres del World Trade Center, o cualquier otro edificio construido por la comunidad humana.

Cuando usted se sienta en las rocas que asoman y mira a través del lago, a la gran cima, se siente poderoso, así como invadido por el sentir de déjà vu*, usted comprende que tal sentir viene del conocimiento de que la gente ha experimentado este mismo sentir, en este mismo lugar, durante mucho tiempo. El poder que esta montaña les ha dado a los seres humanos, data de muchos años atrás, se remonta a una época muy anterior al nacimiento del hombre cuyo apelativo sería invocado por los conquistadores es-

* N. del T.: En francés en el original: ya visto.

pañoles en su intento de eliminar la espiritualidad con que se honra a Pachamama y las técnicas de curación chamánicas nativas de esta región.

Cierto día, después de que uno de mis grupos había retornado a los Estados Unidos, viajé al lago próximo a Cuicocha. Las nubes se desplazaban alrededor de la cima de Cotacachi como espíritus tejiendo su magia. Me retrotrajeron con el grupo, a soñar recuerdos de los días pasados juntos con los chamanes otavalanos, colorados, salascanos y shuaras. Podía ver y sentir a cada participante, ahora de vuelta en su casa, y sabía que cada uno de ellos sentía la presencia del grupo. Cada uno había sido cambiado, había recibido más poder.

Anduve por la vereda a la orilla del cráter, consciente de que estaba siguiendo los pasos de grandes curanderos que se habían ganado mi más profundo respeto. Es a estas montañas —a Cuicocha, Cotacachi, Imbambura, Cotopaxi, Cayambi, y Chimborazo— a donde vienen en busca de fuerza e iluminación. Es aquí donde deambulan en busca de piedras sagradas y otras huacas, aquí son visitados por espíritus guías y animales de poder.

Empecé a trepar por un hombro de Cotacachi. A mi alrededor, las mariposas revoloteaban sobre espesos pastizales, pájaros invisibles cantaban por todas partes, y ocasionalmente, algún grillo rompía la tranquilidad con un salto repentino. El sol me hipnotizaba. Me recosté a asolearme bajo su suave calor.

Sintiendo a Pachamama debajo de mí, observé a las bandadas de nubes jugando alrededor de la cumbre de Cotacachi. Mis pensamientos flotaron hacia Manco, Kitiar y mis otros maestros. Cerré los ojos y me desplacé a través de algunos de los mundos cuyas mágicas puertas ellos ayudaron a abrir. Me sentí honrado en ser parte de este mundo, y de esos mundos, los de ellos. Sentí gran amor por ellos y también satisfacción por poder compartir ese amor con otros de mi generación, así como de generaciones por venir. Sentí paz, y al mismo tiempo, estaba consciente de mi unidad con

Pachamama, Inti, Mama Kilya, y esos tres magníficos pilares —como los había calificado tiempo atrás Candelaria, en aquella junta de la directiva de Katalysis— que son las plantas, los animales y los minerales.

En eso estaba, cuando me percaté de que no estaba solo. Sentí la presencia de ella aun antes de escuchar la suave melodía de su canción viniendo hacia mí.

Me senté, y para mi gran placer, vi a Iyarina ascendiendo. Cuando me vio se detuvo. Movió su cabeza hacia un lado como si observarme desde un ángulo diferente le fuese a ayudar a resolver el misterio de por qué estaba yo ahí. Su rostro se transformó en una sonrisa aprobatoria. Me paré y estreché su mano, admirando la juvenil energía que irradiaba. No la había visto en varios meses. En alguna forma se le resbalaban los años; era difícil de creer lo que yo sabía que era una realidad: que ella tenía, cuando menos, cinco nietos. Sin hablar, se sentó en el pasto cerca del sitio donde había yo estado acostado y me hizo una seña para que me le acercase.

Su voz seguía sonando como la canción que había estado cantando. Me preguntó sobre algunas de las personas que le había yo llevado a curación durante mis viajes anteriores.

Le dije que todas habían mejorado después de verla y le agradó saberlo. Le conté con todo detalle una conversación telefónica que había yo tenido varias semanas atrás con una mujer curada por ella de un problema intestinal muy serio. Ella movía la cabeza de arriba a abajo, como si hubiera previsto cada palabra que yo le decía.

Entonces, sin darle mayor importancia, le relaté el incidente de cuando Raúl y yo habíamos llevado un grupo a su casa, y no habiéndola encontrado ahí, nos habíamos ido a casa de Manco. No obstante que ya la había yo visto después de aquello, siempre había sido en grupo, y no había tenido oportunidad de hablar con ella en privado. Ahora compartí con ella toda la experiencia, incluyendo el vínculo que se creó entre Manco y yo y la sabiduría que había yo obtenido durante las siguientes semanas. Enfaticé concretamente el trabajo de sueño que habíamos realizado juntos y las técnicas para cambiar de sueño que él me enseñó.

Sus ojos se quedaron largo tiempo en los míos, tanto, que pensé que había dejado este mundo para ir a otro. Por fin sonrió, y me contó una historia de lo más extraordinaria.

Aquel día, uno de sus pilotos interiores la había prevenido de que nosotros estábamos en camino a su casa y le había dicho que no estaba escrito que ella trabajase con nosotros, y que otra cosa nos estaba destinada. Fue por tal mensaje que salió de su casa sin contarle a nadie, ni siquiera a su esposo, las razones verdaderas.

—Ves —me dijo, mirándome directamente a los ojos— ése fue un momento muy importante para nosotros, tanto para mí como para ti; fue un tiempo de transición y aprendizaje.

—¿De modo, que ya lo sabías? ¿Renunciaste a la oportunidad de trabajar con un montón de clientes gringos ricos? —No pude evitar una sonrisa— Eso no parece muy sabio.

—Bueno —dijo mientras observaba el cráter de Cotacachi—, tus clientes estaban en muy buenas manos ¿no es así?

La reflexión de la montaña abuela sobre el agua azul celeste, daba la impresión de dos Cotocachis, una ascendiendo al cielo, y la otra intentando llegar hacia abajo, al corazón de Pachamama.

Pasamos un rato sentados en silencio. Una parvada de aves pasó sobre nosotros. El viento proveniente del lago, formó olas con el pasto de la ladera. El tiempo se detuvo. Entonces Iyarina me miró.

—Manco es una persona muy vieja. Su sabiduría es más profunda que el cráter —dijo formando con sus manos un arco sobre nosotros—, trasciende todo lo que puedas ver, todo lo que puedas oír, sentir, oler o gustar. Es más viejo que el santo más viejo.

Se paró, sacudiéndose de la falda ramitas y polvo, y miró a su alrededor. Sentí que estaba absorbiendo todo con cada uno de los sentidos que había enumerado, y también con los "otros" sentidos que tanto había yo llegado a apreciar.

—Lo que has aprendido sobre los sueños no tiene ningún sentido, a no ser que tú y tu gente lo usen.

Me puse de pie y tomé su mano entre las mías. Nuestros ojos se encontraron.

—El sueño —dijo— lo es todo.

Sus dedos apretaron los míos. Sonrió, dio vuelta, y enfiló cuesta abajo por la vereda.

Epílogo

Los coches pasaban con violencia. Yo me sentí atrapado en una pesadilla de claxonazos, rodeado de un remolino de monstruos de metal y vidrio, solo, y completamente fuera de lugar. Me desvié para eludir un tubo de escape roto que estaba tirado a la mitad de mi carril, y estuve a punto de ser barrido de la calle por un enorme camión que me rebasó haciendo sonar furiosamente su claxon. Al hacerlo, por la ventanilla del camión surgió un puño amenazante que al momento se convirtió en una seña obscena.

Una vez más estaba yo conduciendo mi coche sobre la Interestatal 95, de Miami al condado de Palm Beach, regresando de un viaje a Ecuador con un grupo de estudiantes universitarios. En esta ocasión no estaba huyendo de la amenaza de motines violentos. Simplemente, iba a mi casa.

Inicié el movimiento para prender el radio y me detuve, recordando la voz del locutor en aquella otra ocasión. No podía recordar las palabras exactas, sino solamente que había estado hablando de la justicia en los Estados Unidos y algo respecto a los sueños de los padres fundadores de la patria.

Observé por la ventanilla el conjunto de edificios de Miami, y luego dirigí la vista de nuevo a la carretera. Estaba sintiendo el choque cultural que había sufrido tantas veces y el rechazo por lo que le hemos hecho a nuestra Madre Tierra en nombre del progreso, así como por el futuro que estamos creando para mi hija Jessica, y para nuestros demás hijos, así como para los pájaros, animales, reptiles, insectos, plantas, árboles, flores, montañas, océanos, desiertos, bosques y piedras.

Entonces vi el rostro de Kitiar, con sus ancianos ojos fulgurantes. Escuché su tumank. En alguna lugar, muy profundo dentro de mí, estaba consciente de tener un fuerte sentido de esperanza.

Yo había visto cambiar a la gente. Numi me había pedido que llevara gente que quisiera aprender para que los chamanes pudieran ayudarnos a crear sueños nuevos. Yo había sido testigo del poder resultante. Había visto arrancarle el materialismo a la gente, misma gente a la que después había observado convertirse en nuevos enamorados de Pachamama. Había sido testigo del cambio en médicos y hombres de negocios que habían invertido sus vidas y millones de dólares en carreras universitarias lucrativas para de súbito dedicarse a los ideales espirituales de una filosofía que previamente habrían calificado de primitiva o ingenua. Yo he realizado caminatas con científicos, psicólogos, maestros, abogados, y estudiantes universitarios, por las nieves de los Altos Andes, así como por las profundidades de los bosques amazónicos; he estado tomado de la mano con ellos formando círculo alrededor de fuegos que iluminaban relicarios de huacas; me he unido a ellos en cánticos dirigidos por guerreros cazadores de cabezas; los he ayudado a través del penoso proceso de ingerir la ayahuasca. Yo entiendo la profundidad de su transformación.

El cambio de sueños funcionó. De eso, no tenía yo la menor duda. En menos de dos años de llevar gente con los chamanes, y sostener talleres de trabajo en los Estados Unidos, había acumulado gran riqueza de información y testimonios de multitud de personalidades de diversas profesiones, y todo ello sirvió de testigo al poder del sueño.

En su libro *In the Absence of the Sacred*, dice Jerry Mander:

> Ha resultado desafortunado para la supervivencia de las naciones indias, el hecho de que su manera de ver el mundo, sea tan drásticamente opuesta a los puntos de vista

> de la sociedad tecnológica americana. Los sistemas indígenas de la lógica no los han llevado a enfatizar la expansión, el poder, o las tecnologías de alto impacto de violencia. Entre tanto, diversos aspectos del sistema industrial, especialmente en las sociedades capitalistas, sí celebran, y hasta requieren, las metas de expansión, crecimiento, así como la explotación y desarrollo de las tecnologías adecuadas para lograr esas metas. Cuando los dos enfoques del mundo entran en conflicto, nosotros, en las culturas industriales, tenemos la brutal ventaja de las tecnologías violentas para ayudarnos a borrar a las culturas indígenas; entonces, nosotros interpretamos esta mal llamada y supuesta victoria, como una prueba evidente de nuestra mejor preparación para sobrevivir. *

Subiendo por la Interestatal 95, empecé a ver otro aspecto de lo que dice Mander. La diferencia entre el enfoque indígena del mundo y el enfoque occidental, en verdad ha sido desafortunada para la supervivencia de las naciones indias. Sin embargo, la persistencia de esos enfoques indígenas es afortunada, pues en ello descansa nuestra mayor esperanza de supervivencia para el género humano. La esperanza es una semilla que ha echado raíces en fértiles cosmologías indígenas, y en sueños que honran a la Tierra, permitiéndonos a nosotros mismos, resoñar y recrear. Todos tenemos la capacidad de convertirnos en hombres pájaros, y de habilitarnos, y habilitar a nuestras sociedades y a nuestras especies para la adaptación. Lo que nos ha faltado a nosotros en las culturas tecnológicas, es fe en esas capacidades y la voluntad de actuar, de emplear nuestros poderes y canalizarlos en esfuerzos que beneficien a los tres pilares. Ahora, los chamanes están resurgiendo de la niebla de los tiempos brotando como árboles de esa potente semilla, para enseñarnos sobre nosotros mismos, sobre

* Jerry Mander, *In the Absence of the Sacred: The Failure of Technology and the Survival of the Indian nations* (San Francisco: Club de Libros Sierra, 1991), pág.220.

nuestros poderes, y sobre nuestra necesidad de crearnos de nuevo.

Vi de pasada un anuncio exterior, que como tantos otros a lo largo de la Interestatal 95, incitaba al viajero a comprar la casa "soñada" , bordeando uno de los más de mil campos de golf que hay en Florida. En el avión había leído un artículo en una revista en el que el autor citaba ejemplos de destrucción masiva causada por campos de golf debido a los insecticidas y fertilizantes que se emplean en ellos para beneficio de menos del diez por ciento de la población. Luego seguía diciendo: "No siempre fue así. Antes de los autos Porsche y el poliéster, el golf era un juego sin pretensiones, iniciado por la clase trabajadora de Escocia, que se adapataba a la naturaleza, no exigiendo que se conformara ésta a él".*

Una vez más medité en mi cultura. ¿Por qué tenemos esta compulsión de tomar lo que es bello en la naturaleza, y alterarlo? ¿Quiénes son estos individuos que creen poder superar a Dios? ¿Qué pasa con nuestra sociedad, que alienta tan egoístas creencias?

Estas interrogantes llevaron mis pensamientos hasta Thomas Berry, un filósofo y sacerdote que ha influido a una generación de ambientalistas. También él acababa de regresar de Ecuador, dos semanas antes que yo. Durante su estancia, había formulado preguntas similares a las mías.

Poco después de la publicación en 1992 de su libro *La Historia del Universo* (escrita en equipo con el físico Brian Swimme) se me había pedido que hablara durante una celebración en honor suyo. Yo había aprovechado aquella ocasión para invitarlo a visitar a los chamanes. No sólo había aceptado, sino que había dado un curso en Ecuador a mis estudiantes universitarios. Fue de este viaje del que ahora estaba yo regresando, y me encontré buscando en Berry las respuestas a una de las preguntas que estaban surgiendo

* Bruce Selcraig, *Greens Fees: Whose Eagles? Whose Birdies? Nature Pays a Price for our Love Affair with Golf* (*Sierra*, julio/agosto 1993, Vol. 78/ N° 4, pág. 71).

durante mi agitado tránsito por la Interestatal 95.

"Esta compulsión", ha escrito Thomas Berry,

> "de usar, de consumir, ha encontrado su última expresión en nuestros propios tiempos cuando el ideal es tomar los recursos naturales de la Tierra y transformarlos a través de procesos industriales para ser consumidos por una sociedad que vive con tasas de consumo siempre crecientes. Que el consumo tiene algo sagrado, es obvio por la posición central que ahora ocupa. Todo esto queda bien claro por las inexorables campañas de publicidad diseñadas para convencer a la sociedad de que no existe paz ni gozo, ni salvación ni paraíso, más que a través del alto consumo."*

Mi atención volvió a distraerse hacia un lado de la carretera donde un desfile de anuncios exteriores prometían un paraíso, sólo con que el viajero comprase tal cosa o consumiese tal otra. Era obvio que alguien, algún grupo, estaba plenamente consciente del poder de los sueños, y estaba usando ese poder para canalizar las aspiraciones subconscientes de toda la población. Tales gentes estaban desempeñando el papel que desempeñan los chamanes en otras culturas. A diferencia de Kitiar, Manco, Iyarina, y los otros chamanes ecuatorianos con los que trabajé, no estaban usando sus poderes en formas que honraran a la Tierra. En vez de procurar la restauración del equilibrio entre los hombres y la naturaleza, estaban haciendo todo lo posible para romper más ese equilibrio. Encajaban en la clásica definición de los chamanes porque usaban el poder del subconsciente, a la par que la realidad física, para efectuar cambios. Pero estaban muy lejos de ser curanderos. Efectuaban cambios no por el bien de otros o de la sociedad como un todo, sino solamente con objeto de satisfacer su propia voracidad.

---

* Brian Swimme y Thomas Berry, *The Universe Story* (San Francisco: Harper San Francisco, 1992), pág.73.

Pensé en la gente que he conocido en los talleres de trabajo y que ha viajado conmigo a los Andes y al Amazonas, gente que aprendió a soñar nuevos sueños. Ellos cambiaron. Dieron media vuelta en poco tiempo. Nuevamente escuché la voz de Thomas Berry:

> "Necesitamos recordar que este proceso, por medio del cual nos inventamos a nosotros mismos en estas modalidades culturales, es guiado por experiencias visionarias que vienen a nosotros en algún proceso tradicional, de las tendencias interiores de formación que llevamos con nosotros, frecuentemente en una reveladora experiencia soñada. Tales experiencias de sueños, son tan universales y tan importantes en la vida psíquica del individuo y de la comunidad que, en algunas sociedades, las técnicas para soñar son enseñadas por los maestros."

Imágenes de Manco pasaron ante mí mientras me guiaba a través de los pasos de un cambio de sueño. Podía yo verlo sentado justo delante de mí, pero al mismo tiempo estaba yo consciente de la carretera, el tránsito, y mi necesidad de concentrarme en el manejo. Kitiar aparecía junto a Manco y recordé aquella noche, una semana antes, cuando le ofreció ayahuasca a un grupo de estudiantes universitarios.

Raúl, Rosa y yo, habíamos pasado grandes fatigas explicándole a Kitiar que a los estudiantes les estaba prohibido usar plantas psicotrópicas, cuando menos mientras estuvieran matriculados en el programa de la universidad. Había sido difícil para él aceptar lo de la prohibición, ya que las plantas —en unión de sus aliados humanos, los chamanes— son consideradas por los shuara como algo esencial para el proceso educativo. Nos había dedicado una dudosa sonrisa y estuvo de acuerdo en que, no obstante que era una costumbre extraña, trataría de trabajar con los estudiantes, trataría de ayudarlos a separar los sueños de las fantasías y hacer que sus sueños se tornaran realidad, y asimismo trataría de curarlos, todo sin administrarles ayahuasca.

—La tomaré yo mismo —dijo, afirmando con la cabeza—, haré su trabajo por ellos.

Temí que aparecería yo ante Kitiar como otro misionero blanco que no había ido a aprender, sino a imponer el sistema de valores de mi cultura en él y en su gente. Debo decir en su favor, que no vio el caso de tal manera. Me dio una palmada tranquilizadora en el hombro, siguió adelante con la ceremonia, y esa noche completó media docena de viajes curativos con los estudiantes. Al final, en un conmovedor gesto de amistad, me obsequió su tumank, y prometió que me enseñaría a tocarlo.

"Lo que parecemos reacios o incapaces de reconocer" escribe Thomas Berry, "es que todo nuestro mundo moderno está inspirado, no por un proceso tradicional, sino por una experiencia de sueño distorsionado, acaso el sueño más poderoso que jamás haya sido poseído por la imaginación humana. Nuestro sentido del progreso, nuestra sociedad tecnológica íntegra, aunque racional en sus funciones, es una visión de sueño puro, en sus orígenes y en sus objetivos".

Le eché un vistazo a la masa de edificios que delinean la costa de Florida y comprendí que las bases de nuestros sueños han sido dispuestas por unos cuantos individuos. Todas las culturas tienen gente así. En el mundo occidental, esos individuos han dado voz a sueños que ahora se han manifestado a sí mismos en todo lo que nos rodea, anuncios exteriores, el tránsito, las industrias pesadas, y en nuestra fijación en una actividad minera, y en una actividad de construcción, perpetuas. Todos hemos aceptado las filosofías que existen detrás de esas manifestaciones, y al hacerlo, hemos dado energía a los sueños de esos individuos. Como lo señala Numi, los sueños se han hecho realidad, y ahora estamos empezando a entender sus implicaciones de pesadilla.

Al pasar por un lote de terreno estéril, donde hasta poco tiempo antes había existido un bosque, y ahora estaba siendo preparado para hacer lugar a un centro comercial más, me pregunté ¿Cómo vería un verdadero chamán esta fijación por la construcción? Creí oír la voz de Manco.

—No es un problema de construcción, ni de minería, ni de ninguna otra actividad o profesión —pareció decir—, es la meta de eso, el resultado soñado.

Lo que vi por la ventanilla de mi coche, no era el trabajo de seres humanos maliciosos determinados a destruir el planeta. Más bien, era el resultado de un juego de valores, un recetario de filosofías activas, que han crecido hasta salirse del sueño de un puñado de individuos que se casaron con teorías utópicas de cultura individual, libertad, y el derecho de acumular propiedad. Esas filosofías han sido retorcidas con el transcurso del tiempo, estiradas y contraídas, modeladas y adoptadas por gente voraz, que ha convertido los sueños originales en la justificación de su glotonería y de su exaltación personal.

Entonces, la verdadera cuestión es ¿cómo podemos darle la vuelta a esas filosofías; cómo podemos resoñar nuestra posición en el mundo natural? Al rebasar a un grupo de trabajadores reparando la carretera, de pronto me saltó a la mente que la única solución funcional, se fundaba en enfatizar lo que hacemos mejor.

La construcción. Vi las instalaciones de la Planta de Luz y Fuerza de Florida, y recordé la conversación que había sostenido conmigo mismo cinco semanas antes. La construcción es en lo que somos excelentes, promoverla y protegerla, motiva nuestros sistemas educacionales, políticos, sociales, y judiciales. Cambiar el sueño, requerirá un cambio en nuestra actitud hacia la construcción.

Palabras como *duradero*, *garantizado*, y *construido para siempre*, vinieron a mi mente, palabras que habían sido grabadas en mi mente durante años de acondicionamiento. Pensé en el significado de *construcción* entre los shuara. Significaba construir una casa que debía de durar sólo unos cuantos años; después, a la casa se le permitiría disolverse de nuevo en la Tierra, y una nueva sería construida en otra parte. Significaba erigir una pequeña presa para poder pescar, que sería destruida antes del anochecer. Significaba una hamaca hecha de vid, una cerbatana de madera chonta y cera de abeja, una canoa vaciada. El concepto de construir algo "duradero" era extraño a los shuara, y a todas las tribus. No se quiere que una cosa dure, se quiere que sirva su propósito específico a corto plazo y que retorne a la naturaleza. ¡Qué diferente es su sueño del que a mí me enseñaron desde chico!

Comprendí que toda nuestra economía gira alrededor de lo que consideramos industria "pesada" y bienes "duraderos", lo cual es completamente contrario al mundo natural y a aquellos que viven cerca de él. En la naturaleza, y entre sociedades tradicionales, nada es duradero; todo está en cambio continuo. En tanto que nuestros historiadores consideran que una cabeza de flecha hecha de bronce, es superior a una de madera, Núnkui y Pachamama no estarían de acuerdo. La de madera es superior porque dura menos. Lo mismo puede decirse de la cerámica, y para todas las demás cosas que hacemos, damos forma o moldeamos.

Cuando los políticos hacen campaña electoral, hablan del "crecimiento" de la economía. A lo que generalmente se refieren es a construir cosas que duren, como casas, automóviles, herramientas, computadoras y otros productos de cemento, metal, plástico, y otras materias primas que producen las minas de Pachamama y que alcanzan determinados estándares de duración. La producción de estas cosas consume grandes cantidades de energía, y causa una contaminación incalculable. Finalmente, las cosas mismas crean enormes montones de basura que son incompatibles con la tierra y el agua que los rodea. ¡Qué diferente es este sueño del sueño de las tribus amazónicas!

Mientras veía las estructuras de metal y vidrio levantadas por todas partes, estaba consciente de que mi cultura no estaba lista para volver a un estilo de vida tribal y vivir de la caza. Así que me pregunté ¿qué clase de sueño *podemos* crear? Tendría que ser uno que honrara a la Tierra sobre todas las cosas, y que no se funde en las tecnologías violentas que hemos asociado a la minería y a la construcción.

Mis pensamientos se desviaron hacia las personas que me acompañan en mis talleres de trabajo y mis viajes. La mayoría de ellas compartían mis sentimientos a esta respecto, sin embargo, son gentes que necesitan ganar dinero para alimentar y vestir a sus familias. Muchas están muy lejanas de la minería y la construcción. Son psicólogos, médicos, quiroprácticos, bailarines, masajistas terapéuticos, propietarios de tiendas naturistas, enfermeras, escritores, músicos, y poetas. Quizás ahí esté la clave. ¿Para qué vendernos unos a otros bienes duraderos, cuando podemos vendernos unos que se disuelvan en el aire.? ¿No estaría mucho mejor la economía —y los políticos igual de felices— si todo lo que nos vendiésemos unos a otros, salvo algunas cosas esenciales, fuesen "suaves" en vez de "duras", y hechas para *no* durar"?

Muchos de los psicólogos y otros terapeutas que estudian conmigo, dicen que sus técnicas para ayudar a otros han sufrido cambios por la psiconavegación, el cambio de sueño, y el chamanismo. Una doctora me confió que ahora logra en dos sesiones, lo que antes le tomaba cinco o seis. Cuando le ofrecí disculpas por mermar sus ingresos, se rió.

—Por el contrario —dijo— el volumen de clientes que tenía, se ha triplicado. ¡Las noticias viajan con mucha rapidez!

Un médico admite que en materia de diagnóstico, ahora le da mucha más importancia a sus propias intuiciones.

—Creo —me aseguró— que lo que siento respecto a mis pacientes, frecuentemente provee mejor información que la que proporciona la computadora. Esto, además, me ha hecho una persona más sensitiva.

Otro ejemplo de un enfoque proactivo y creativo, es la DDC , o sea, Dream Change Coalition (Coalición para el Cambio de Sueño), una organización no lucrativa que surgió de los sueños de gentes que se unieron a mis viajes y se han comprometido en la lucha por el cambio de conciencias a través del mundo para que el sueño común de la humanidad honre más a la Tierra. Uno de los objetivos de EDA es comprar y conservar tierras boscosas en beneficio de los indígenas y ayudarlos a establecer centros de aprendizaje chamánicos. EDA anima a la gente a vestir y alimentar a sus familias a través de actividades como la producción y mercadeo de productos naturales renovables. Además, organiza talleres de trabajo y viajes para visitar a los chamanes.

Otros ejemplos de actividades más "suaves" para ganarse la vida, que honren a la Tierra, cada día nos son más familiares, yendo desde corporaciones lucrativas, tales como Chamán Pharmaceuticals, Inc. (Chaman Farmacéutica Inc.), hasta granjas orgánicas. Sin embargo, estos son aún sólo ejemplos, no la norma. No existen suficientes. Cada uno de nosotros debe alterar su sueño, debemos recrearnos continuamente a nosotros mismos, y recrear a la sociedad que formamos. Amar a nuestra madre Tierra no es una decisión momentánea. Es un compromiso permanente y duradero, minuto por minuto. Debemos viajar profundamente dentro de nuestros corazones, rescatar nuestros sueños de las garras de las gente de relaciones públicas, y volvernos hombre pájaros. Debemos plantar la semilla, regarla diariamente, y enorgullecernos de la belleza que crea.

Viendo a través de la ventanilla reflexioné en que existen muchas maneras de "construir". Nosotros, en el mal llamado mundo civilizado, hemos circunscrito tal actividad a los términos más estrechos. Seguramente que podemos romper esas barreras y extender nuestra definición para que abarque esfuerzos que respondan a un sueño más noble. Al hacer esto, estaremos caminando hacia la esperanza por un sendero, no hacia el abismo por una supercarretera. Nos toca a cada uno de nosotros como individuo, y a todos nosotros como especie, decidir que ya no queremos viajar por la ruta a ese sitio que Lame Deer describió como "gran hoyo vacío".

Adelante, en la Interestatal 95, un buldozer estaba empujando hacia atrás la rampa averiada de un camión de estacas. Mis pensamientos retornaron a una noche en el bosque del Amazonas. Escuché el violín de Kitiar y observé a un buldozer empujando muros hacia el distante horizonte. Comprendí que el buldozer puede emplearse no sólo para desmontar árboles, sino también para empujar hacia atrás los límites de nuestro conocimiento y abrir el camino a senderos de entendimiento que no se encuentren limitados por los muros de la historia. Todo depende de cómo lo soñemos.

Glosario

Arútam. Espíritu shuara protector y guía del hombre. Para contactarlo se requiere ayunar, ir a la cascada sagrada, y realizar una búsqueda de visión (usualmente en compañía de un chamán e ingiriendo ayahuasca).

Ayahuasca. Vocablo quechua que frecuentemente se traduce al español como la "vid del alma", la "vid de la muerte", la "vid de iluminación" o la "vid de la sabiduría del espíritu"; se le conoce también como *natem*, *yaje*, y *caapi*. Su nombre científico es *Banisteriopsis caapi*, de la familia de las malfigiáceas. Contiene un grupo de alcaloides conocidos como betacarbolinas, de los cuales la harmina es el principal componente. Es un vino psicotrópico venerado en todo el Amazonas y los Andes obtenido de una planta sagrada que permite a quien lo ingiere comunicarse directamente con Pachamama, el mundo natural de las plantas, animales, minerales, y el mundo sobrenatural. La ayahuasca está considerada como una escalera para ascender a un nivel más alto donde las experiencias individuales se unifican con todo lo demás lográndose unidad con el sueño universal. Para prepararla se hierve, generalmente con otras plantas.

Ayumpum. Dios shuara que fue enviado por Etsáa para enseñarle a la gente cómo hervir y usar la ayahuasca.

Camay. Vocablo quechua que es difícil traducir al inglés, español, y otros idiomas de origen indoeuropeo, ya que connota el proceso de soplar el espíritu, el alma y unidad de todas las cosas, hacia adentro de alguien o de algo. La traducción dice: "animar o alentar (de vaho) un espíritu dentro de un objeto", y "dar vida y mantenimiento"*. El proceso a través del cual el dios-creador, Viracocha, creó el sueño que se convirtió en universo. Es la técnica empleada por los chamanes para infundir equilibrio, unidad, y salud en la gente, plantas, animales, y minerales; se usa también en recuperaciones chamánicas, incluyendo el poder animal, piloto interior, y recuperaciones de almas. *Camay* es la palabra más común entre los peruanos que hablan quechua, pero los ecuatorianos quechua parlantes emplean más *fucquay*.

Cañaris. Quechua parlantes de las tierras altas de Ecuador al norte de Cuenca, a los que se les atribuye haber ofrecido la resistencia más feroz a la invasión inca, y que aún son considerados como muy resistentes a cambios.

Chamán. Calificativo original de Asia Central, que en la actualidad es ampliamente usado en lugar de "brujo" para designar a un hombre o una mujer que viaja al tiempo de los sueños o a mundos paralelos, y emplea el subconsciente simultáneamente a la realidad física, para efectuar cambios: es un psiconavegante que emplea sus poderes para cambiar a la gente, plantas, y el clima, así como vaticinar el futuro. Puede usar plantas y hierbas medicinales, al mismo tiempo que las curaciones espirituales.

Chankin. Vocablo shuara que significa canasta.

Chicha. Vocablo que significa bebida alcohólica, frecuentemente traducido al español como "cerveza", preparada en el Amazonas y en los Andes con la fermentación de varias frutas, hierbas y tubérculos. (Los habitantes de Sudamérica producían bebidas alcohólicas mucho antes de la llegada de Colón). Las mujeres shuaras elaboran grandes cantidades de chicha todos los días masticando y escupiendo yuca y dejando que el líquido

---

* Regina Harrison, *Signs, Songs, and Memory in the Andes: Translating Quechua Language and Culture* (Universidad de Austin, Texas: Prensa, 1989), Págs.76 a 224.

resultante se fermente durante la noche, o para mayor fuerza, varios días. La chicha es un elemento extremadamente importante en el ritual y en la dieta de los shuara; solamente a las mujeres se les permite prepararla y servirla durante las ceremonias de bienvenida, cuando arriban huéspedes a un hogar shuara. El shuara consume abundantes cantidades de ella. A veces se le compara con la papa o el arroz, debido a que proporciona los esenciales carbohidratos, calorías y almidones.

Chonta. Es un tipo de palma frutal (*Guilielma speciosa*, Bactris Gasipaes) notable por su extrema dureza y durabilidad, empleada para hacer flechas, cuchillos y cerbatanas; con la fruta hacen los shuara una especie de chicha, que es el punto focal de una importante celebración y festival anual.

Colorados. Tribus indígenas que viven en las laderas occidentales de los Andes ecuatorianos, famosas por el uso de tintura roja en el pelo y el poder curativo de sus chamanes.

Cotacachi. La poderosa madre o abuela volcán de la provincia de Imbabura en Ecuador. Tenida en alta estima como fuerza sagrada de curación por los chamanes otavalanos, y frecuentemente invocada por ellos durante sus curaciones y viajes de psiconavegación.

Cotopaxi. Es el volcán activo más alto del mundo, apenas al sur de la línea ecuatorial, cubierto de nieves perpetuas y glaciares. Está considerado como sagrado por muchos indígenas, e invocado con frecuencia durante las sesiones de curación de los chamanes. Tal como estaba vaticinado en una antigua leyenda anterior a la llegada de Colón, hizo erupción el día que el último rey inca, Atahualpa, fue asesinado por el conquistador español, Pizarro.

Etsáa. Dios shuara del Sol, que alguna vez vivió en la Tierra con los shuara, y es objeto de múltiples mitos y leyendas.

Huaca. Vocablo quechua para designar un objeto o un lugar sagrado. Frecuentemente se aplica a piedras, plantas, y otras cosas que los chamanes emplean en sus ceremonias, en sus curaciones y en sus viajes de psiconavegación. Las huacas chamánicas, generalmente vienen de lugares sagrados, tales como Cotacachi, Imbabura y Cotopaxi.

Huaoranis (o Guaranís). Indígenas del Amazonas ecuatoriano, cuyo estilo de vida nómada ha sido menospreciado recientemente por compañías petroleras diversas, incluyendo las norteamericanas.

Imbabura. Es el poderoso padre o abuelo montaña, localizado apenas al norte de la línea ecuatorial, del otro lado del valle de su consorte Cotacachi, en la provincia ecuatorial de Imbabura. El equilibrio masculino con la energía femenina de Cotacachi, es invocado frecuentemente por los chamanes otavalanos, quienes consideran que la gente que vive entre las dos montañas están dotadas de una sabiduría especial de origen sobrenatural.

Inti. Vocablo quechua para designar al sol o al dios sol. Según la cosmología inca, el oro era el sudor de Inti y era confiado a la gente no para ser usado para propósitos materiales, sino más bien, para ser salvaguardado como uno de los hilos tejidos en el sueño de Inti, Pachamama, y Mama Kilya.

Iyarina. Vocablo quechua para expresar el concepto de recordar.

Jémpe. Dios shuara que mantiene el equilibrio entre el hombre y la mujer. Su símbolo es el colibrí.

Kenkuim. Término shuara que significa "tortuga".

Kitiar. Violín shuara, usualmente vaciado de un sólo trozo de madera.

Mama Kilya. En quechua significa la luna o la diosa luna; según la cosmología inca, la plata eran las lágrimas de Mama Kilya, y se le daba a la gente no para usarse con propósitos materiales, sino más bien para salvaguardarse como uno de los hilos tejidos en el sueño de Mama Kilya, Pachamama, e Inti.

Mati. Pequeña calabaza o calabacín, usada por los shuara como parte del carcaj para cerbatanas.

Nase. Vocablo shuara para designar al viento que viaja a través del bosque soplando equilibrio dentro de todas las cosas, viento que cura y que simboliza el sueño unificador.

Numi. Vocablo shuara para decir "árbol" o "poste".

Núnkui. Diosa shuara de la Tierra, las plantas y jardines, protectora de la mujer. Reside en la Tierra durante el día, curando la tierra y trabajando con raíces. En la noche se levanta sobre el suelo para bailar con las plantas, los animales, y la gente.

Otavalanos. Indígenas que viven precisamente al norte de la línea ecuatorial, principalmente en la Provincia de Imbabura, Ecuador, entre Cotacachi e Imbabura. Son famosos por sus habilidades musicales, sus tejidos, y especialmente por sus chamanes. Son gentes prósperas, que a pesar de su éxito material, han mantenido sus valores tradicionales y su estilo de vida. Pertenecen al grupo quechua parlante.

Pachamama. Vocablo quechua para decir "Madre Tierra", "Madre Universo" o "Madre Universal". Es la Tierra, diosa de la Tierra, el sitio donde el oro que suda Inti, y la plata que llora Mama Kilya, son tejidas para formar el sueño universal.

Psiconavegación. Es un conjunto de técnicas para navegar a través de la psiquis (alma, espíritu, inconsciencia colectiva) hacia un lugar donde uno necesita estar (física, mental, emocional, psicológica, o espiritualmente), usada en todo el mundo para los viajes, y curaciones chamánicas, y para obtener guía en la toma de decisiones y en la creatividad.

Quechua. Es un lenguaje y también una palabra para designar a la gente que lo habla. Millones de gentes andinas hablan hoy en día uno de los dialectos de tal lenguaje que fue expandido por los incas desde lo que ahora es el norte de Chile, a partes de Perú, Bolivia, y Ecuador. Conceptos expresados en quechua, especialmente si se refieren a espiritualidad, psiconavegación, y otras prácticas chamánicas, son muy diferentes de las judeocristianas llevadas por los conquistadores españoles y los misioneros. Por tal motivo, muchas palabras quechuas no pueden ser traducidas con absoluta precisión ni al español ni al inglés. En tales casos, como a través de este libro, en vez de tratar de buscar un equivalente en español o inglés, el quechua se ha usado agregándole una descripción del significado. El quechua, como se habla actualmente, no es uniforme. En Ecuador, varía tanto de la forma peruana, que frecuentemente se le llama quichúa. No obstante las diferencias en pronunciación y vocabulario, muchos de los conceptos son estándar por todos los Andes. Por el bien de ambos, simplicidad y consistencia, este libro generalmente emplea la forma quechua tal cual ha sido incorporada al Alfabeto Oficial de 1975 (revisado en 1983 por el Primer Taller de Trabajo del Sistema de Escritura de Quechua y Aymara), No obstante, ésta puede no ser la forma actual que emplee un vocero determinado o su grupo indígena.*

Quechuas de Tierra Baja. Indígenas del Ecuador amazónico, considerados por otros indígenas como poseedores de dardos invisibles de gran poder chamánico.

Quipu camayoc. Vocablo quechua para designar a "aquellos que camayean (unidad de aliento, alma, espíritu, y vida) hacia adentro de los quipus (hilos anudados llevados por corredores a través del Imperio Inca)". Como los quipus contenían información codificada acerca de cosechas, guerras, leyes, y otras cosas vitales para el Imperio, el quipu camayoc era en realidad, un intérprete de mensajes, personaje extremadamente importante y muy bien preparado que tenía mucha responsabilidad y poder.

Salascanos. Indígenas que viven en las laderas orientales de los Andes, en un área que provee una transición de los altos Andes al Amazonas. Practican una forma de curaciones chamánicas en la que emplean conejillos de indias que reflejan sus orígenes en Bolivia. Los salascanos fueron derrotados por los incas, y como parte de un programa de pacificación, fueron sacados de su tierra

---

* Para más detalles y estimulante plática, vea Regina Harrison, *Signos, Canciones, y Recuerdos de los Andes: Traduciendo el Lenguaje y la Cultura Quechua* (Universidad de Austin, Texas Prensa, 1989).

natal, Bolivia, a Ecuador. Forman parte del grupo quechuaparlante.

Sangay. Es un volcán extremadamente activo, localizado en los Andes orientales, en la orilla de la cuenca del Amazonas.

Secha. Nombre que dan los shuara a un pájaro de colores brillantes.

Shuaras. Indígenas que viven en la cuenca occidental del Amazonas, principalmente a lo largo de la cadena montañosa Cutucú, al este de los Andes, en Ecuador y en Perú, y en los territorios donde las fronteras entre los dos países aún están en disputa. Fueron famosos en otras épocas por su ferocidad en la guerra y por sus trofeos consistentes en cabezas reducidas, y notables hoy en día por el poder de sus chamanes y el uso de la ayahuasca. Hablan su propio idioma, llamado también shuara. A veces se les llama jíbaros.

Suntai. Término shuara para nombrar a un tipo de iguana.

Tantar. Escudo usado por los shuara en las batallas.

Trago. Bebida alcohólica muy fuerte hecha de caña de azúcar, y de color muy claro, que es considerada muy pura —un eslabón directo con los espíritus— y es usada por los chamanes a través de todos los Andes y el Amazonas para hacer limpias, purificar, camayear y crear fuego.

Tsúnkqui. Diosa shuara de las aguas, que es también considerada como el primer chamán. Monta en una tortuga, y como resultado de ello, el excremento de tortuga ("chumpis") se ha convertido en símbolo para los chamanes, así como para ella, protegida por cocodrilos y anacondas.

Tumank. Instrumento musical shuara construido atando un hilo de tripa de mono o de línea para pescar de un extremo al otro de un bambú arqueado de tres a cuatro pies de largo. Se sostiene entre los dientes, mientras la cuerda es pulsada con los dedos y emite un sonido precioso y delicado, que ha sido asociado al agua que cae y al canto de los espíritus.

Tuntiak. Nombre que dan los shuara al arco iris de la cascada sagrada. Según la leyenda shuara, el primer hombre y la primera mujer emergieron de tuntiak, iguales y al mismo tiempo.

Wirikuta. Lugar sagrado para los indígenas huicholes de México central, famosos por sus vibrantes tapices, frecuentemente hechos con la ayuda del peyote. Cada año, los chamanes huicholes llevan a su gente en un peregrinaje a Wirikuta. Siguiendo los pasos de los ancestros que tejieron el sueño original, los peregrinos tejen juntos la tapicería de la vida y reafirman su unidad con el resto del mundo natural, y con el sueño original mismo.

Yampun. Vocablo shuara para designar a los "loros".

Dream Change Coalition

Buy Back the Air

Llegó la hora en que cada uno de nosotros debemos hacernos responsables de la contaminación que causamos. John Perkins llegó a un compromiso con el chamán Kitiar, para "hacer algo" respecto a los coches y los problemas que crean. La *Dream Change Coalition* (DDC)[Coalición para el Cambio de Sueño] y el programa *Buy Back the Air* [Devuelvan el aire] son el primer paso.

Un grupo de personas de todo el mundo, que se dedican a hacer cambios en su conciencia destinados a reverenciar a la Tierra, componen la *Dream Change Coalition*, que nació a partir de los seminarios y excursiones de John Perkins. La coalición pidió ayuda a Prydwen, Inc., compañía comprometida en resolver los problemas del medio ambiente, para desarrollar un programa de limpieza del aire que contaminan nuestros autos.

Prydwen recomendó el programa *Pollution Offset Lease for Earth* (POLE) [Arrendamiento para Compensar la Contaminación de la Tierra] y se se comprometió a patrocinarlo, reunir fondos y manejarlos. El POLE se basa en el hecho de que los árboles limpian el aire al absorber el gas de invernadero, dióxido de carbono, y desprender el oxígeno vital. Cada POLE —un arrendamiento anual de cierta sección del bosque— absorbe 425 lbs. de CO_2, la cantidad que exhalamos anualmente con nuestra respiración, y cuesta menos de 8 centavos por día. Comprando un número específico de POLES podremos compensar la contaminación ocasionada por nuestros automóviles y fábricas.

Cuando usted compra un POLE se convierte en un agente del cambio, enviando un poderoso mensaje que proclama que vale más un bosque en pie que talado. Usted recibe: 1) un documento que certifica que ha arrendado el bosque para limpiar el CO_2 que su respiración produce, 2) un regalo del bosque junto con instrucciones sobre cómo usarlo como herramienta de energía personal, 3) una cinta, largamente aclamada, grabada por John Perkins, acerca de la transformación de los sueños en realidad, 4) descuento en libros, bienes y actividades de apoyo, incluyendo viajes y seminarios sobre las culturas indígenas y 5) gacetas sobre la DDC. Envíe su nombre y dirección (o el de la persona a la que usted se lo desee regalar) y un cheque a nombre de Prydwen por US$29 por cada POLE (menos de 8 centavos por día) a:

Dream Change Coalition
P.O. Box 31357
Palm Beach Gardens, FL 33420